Y. 772.
2.

Y. 3936.
9.

ARISTANDRE, HISTOIRE GERMANICQVE.

Par Monseigneur IEAN PIERRE DE CAMVS, Euesque & Seigneur de Belley, Prince du sainct Empire, Conseiller du Roy, en ses Conseils d'Estat & Priué, &c.

Dedié à Madame de Vantadour, Abesse de Sainct Pierre.

A LYON,
Chez IACQVES GAVDION,
en ruë Merciere.

M. DC. XXIV.
Auec Approbation, & Priuilege.

A
MADAME,
MADAME, MA-
RIE DE LEVY, DE
Vantadour, Abeſſe du Mona-
ſtere Royal de Sainct Pierre à
Lyon.

MADAME,

L'Autheur de cét ouurage que la France met au rang de ſes plus remarquables hommes, admire tellement voſtre pieté

† 2 &

& vostre esprit, qu'il vous en rend aujourd'huy vn public tesmoignage. Aristandre, duquel le nom fait connoistre la personne, ne pouuoit esperer vne plus belle fortune qu'apres estre eschappé de la tyrannie d'vne mauuaise Princesse, tomber entre les mains d'vne Dame, qui n'a rien en soy que pour l'honneur & pour la vertu. Apres s'estre sauué de la Cour, sans auoir touché au vice, & ne s'estre point perdu en des rencontres où les plus
insen

insensibles ne sont pas tous de marbre, vous n'oseriez vous desdire de le receuoir en vos grilles : car c'est vn entretien si sainct & si chaste, qu'il seroit plus facile de s'enyurer en vne fontaine que d'auoir en sa compagnie la moindre pensée d'vne passion iniuste & desreiglée. Il est si esloigné de ces sentimens bas & terrestres, que tout au contraire il vous fera prendre vne douce cruauté à contempler du port de la Religion les insolentes rages, & les

ruines des mauuaises gens du monde : tout ainsi que les enfans de Dieu se réiouïssoiët de ne s'estre point mouillez dans les eaux où leurs ennemis auoient fait naufrage. Ce liure quoy que petit en apparence, vous fera voir comme le vice n'a de la douceur qu'au visage, & qu'en nous quittant il nous laisse tousiours des impreßions d'horreur & d'ennuy. Mais à peine pourrez-vous croire les desordres qu'il fait dans le monde pour authoriser vn
Dieu

Dieu qu'on nomme amour. Non plus que ce delicieux Prince, qui pour n'auoir iamais gousté aucun mauuais morceau de la fortune, & n'auoir senti durant toute sa vie aucune violence en son corps, ne se pouuoit imaginer que les hommes fussent suiets au froid, à la faim, ni aux maladies. Toutesfois, MADAME, l'ignorance que vous auez des choses vicieuses, n'empesche pas qu'elles ne soient veritablement en plusieurs consciences. Car à vous

parler franchement la nature n'est plus vierge, & depuis que les Minotaures & les Geryōs ont publié le peché des hommes, l'innocēce n'est plus qu'vn nom fait à plaisir. En vn temps plus esloigné de la corruptiō des choses, il eust peut estre fallu cacher sous le manteau les escrits qu'ō faisoit pour faire honte au vice, mais maintenant que son venin s'est presque espandu vniuersellement dans les veines & dans les cœurs de tout le monde, à quoy sert
le

le deguisement, sinon pour flatter le mal, & trouuer de la raison en son iniustice? Ne voyons-nous pas qu'il vsurpe tout ce qui est le plus legitime dans l'vsage des hommes, qu'il se rit de la licence & de la liberté, & ne veut plus paroistre qu'en triomphe, & auec vn pouuoir absolu sur tout ce qui respire? Et si le grand Alexandre reuenoit parmi nous, on l'appelleroit infame & lasche, pour les mesmes actions que l'antiquité a iugées par dessus la condi- tion

tion humaine. Qu'ainsi ne soit, vous diriez pour le iourdhuy que les plus ardents au bien & à la gloire, ne se repentent pas moins que Brutus en mourant, d'auoir aymé la Vertu, que s'ils auoient passé leur vie à seruir vne maistresse infidelle. Pour comble de malheur le siecle est si maudit du Ciel & des hommes, qu'on ne peut souffrir les plus gens de biē d'entre nous, qu'aussi-tost on ne crie contre eux, s'ils entreprennent de d'estoufer le vice par quelque industrie. De moy ie baisse les yeux & croise les mains, resolu de laisser brusler la maison d'autruy, auant qu'y porter de l'eau: car puis que les remedes sont inutiles, laissons agir le desespoir, & ne soyons pas de l'humeur de Monsieur l'Euesque de Belley, qui pour suiure les aduis de cet infaillible Oracle de Sauoye, abrege ses iours, & consume sa vie pour le seruice de la France, qu'on pouuoit iusqu'à

† 6   luy

luy appeller mere des courtoisies. Ie vous dis cecy, MADAME, comme à vn sens qui ne se laisse point surprendre, & qui n'est point accueilli ny enuelopé dans l'erreur ni dans l'illusion de tant de badineries que les niais coeffent, & habillent comme des filles legitimes de la vertu. Vous sçauez quelles gens desaprouuent cette sorte d'escrire, mais quoy que l'enuie & la mesdisance puissent inuenter, ie ne sçache homme qui ne soit bien

bien loüé d'estre blasmé de la sorte. l'estime qu'apres m'auoir tesmoigné que les veritez que i'auois mises pour vous dans les souspirs de Philothée, ne vous estoient pas agreables, ie serois priué de iugement de m'engager en vn discours qui estant propre pour s'acquerir des amis ne doit pas seruir à les perdre. C'est ce que ie ferois asseurement si ie ne cherchois la fin de cette lettre, mais vostre humeur ne me sera iamais si
pre

preiudiciable qu'elle m'interdise l'honneur de me dire,

MADAME,

Voſtre tres-humble, &
tres obeiſſant ſeruiteur,
LONGVETERRE.

PRE

PREFACE.

E s Ames des justes sont en la main de Dieu ; le tourment de la mort, ou (comme dit vne autre lecture) de la malice ne les touchera point. Ils ont semblé mourir aux yeux des moins auisez, & leur fin a esté tenuë pour vne affliction. Ils ont esté comme exterminez, mais ils sont en vne vraye paix. Que si deuant les hommes ils ont enduré des suppli

PREFACE.

plices, l'heureuse immortalité a esté leur esperance: Essayez en peu ils ont esté disposez à de choses grandes, car Dieu les a tentez, & les a treuuez dignes de soy, il les a espreuuez comme l'or en la fournaise, & les a receus comme des holocaustes reseruant à les reueler en leur temps. Les justes reluiront, & brilleront comme des estincelles parmi les roseaux, ils iugeront les nations, gouuerneront les peuples, & leur Seigneur regnera en eux, & par eux eternellement. Ceux qui se confient en luy entendent cette verité, & ceux qui
font

PREFACE.

sont fideles en sa dilection acquiescent à sa volonté, parce que ses Esleus iouïssent du don d'vne profonde paix. Iusques ici sont les paroles du Sage, paroles tellement éclaircies par le recit de l'Histoire que ie te presente, Lecteur, qu'il semble que sa Narration en soit vn continuel Commentaire. Comme aussi de ces suiuantes : Dieu conduit le juste par de droittes voyes, & luy monstre son Royaume, luy donne la science des Saincts, l'honnore en ses trauaux, & couróne ses fatigues. Il sauue son honneur de la fraude de ceux

PREFACE.

ceux qui le veulent circonuenir. Il le preserue des embusches de ses ennemis, & le conserue parmi ceux qui le veulent seduire. Il le rend victorieux parmi les combats, luy faisant connoistre que la sagesse emporte tousiours le dessus parmi les rencontres. C'est elle qui ne quitte point le juste entre les trahisons, mais qui le deliure des mains des pecheurs, descend auecque luy dás les cachots, ne l'abandonne point parmi les liens & les fers des prisons, iusqu'à luy mettre en main le Sceptre, & vne Soueraine puissance contre
ceux

PREFACE.

ceux qui l'oppriment. Diſſipant par la clarté du vray, les ombres des menſonges, qu'elle fait retomber ſur le viſage de ceux qui veulent mettre vne tache ſur ſa reputation. C'eſt elle qui deliure la ſemence innocéte, & ſans reproche du juſte, de la tyrannie des oppreſſeurs, elle qui entre en l'ame du ſeruiteur de Dieu, & qui le rend redoutable aux Roys & aux puiſſances de la terre. C'eſt elle qui rend aux juſtes le ſalaire de leurs trauaux, qui les guide par des voyes admirables, & leur ſert d'ombre contre la chaleur, & de lumie

PREFACE.

miere parmi les tenebres. Encore iufqu'icy font les termes de la Sapience; qui tous, je di à la lettre, fe verront verifiez en la relation de cét Ariftandre. Le but duquel bat là, de faire voir vn homme jufte & droict, fidelle mary, amoureux de la vertu, craignant Dieu, ialoux de l'honneur, & en peu de mots vn vray homme de bien, tant en l'vne qu'en l'autre fortune. Les deux paffages que ie viens d'auancer, attentiuement pefez & confiderez, peuuent feruir comme de pelotons pour demefler le Labyrinthe des auantures

ou

PREFACE.

ou diuers euenemens dont ce tissu est rempli. Certes l'Histoire nous fournit assez d'exemples de personnes courageuses, qui ont par la constance ou la patience souffert & surmonté les accidens de l'aduersité. Mais ie ne voy rien de plus rare dans cette maistresse de la vie, cette regle des mœurs, ce theatre des actions humaines, que les remarques de ceux qui se sont comportez en gens de bien parmi les prosperitez, foulans aux pieds les grandeurs, refusans les dignitez, fuyans les voluptez, & mesprisás les richesses. Clair-semez

PREFACE.

semez sont les personnages de la scene du monde, qui facent profession d'vne parfaitte fidelité coniugale, & qui vrais amateurs de l'honnesteté la preferent, ie ne diray pas aux tresors & aux charges, mais à l'vsage des simples delices. Il se voit peu de zelateurs de la vraye & essentielle preud'hómie qui consiste en vne perpetuelle & constante volonté, tousjours determinée au bien, inuincible & inuariable en la pratique de la vertu. Vous diriez que les cœurs humains ressemblent à ce roc d'Elide, duquel on dit que touché du bout

PREFACE.

bout du doigt il s'esmeut, mais qu'aux plus grands efforts il est inesbranlable, car ceux que les plus rudes secousses de l'aduerse fortune n'ont peu escarter tant soit peu de leur deuoir, se sont treuuez plus debiles que les fueilles des arbres, sous les zephires de la fortune prospere. Colomnes du Temple en celle-là, & roseaux du desert en celle-ci. Et semblables à Marc-Antoine, qui selon la remarque de l'honneur de Cheronée, estoit plus qu'homme dans les trauaux de la guerre, & moins que femme dans les delices de la paix.

PREFACE.

paix. Certes tout ainsi qu'vn escueil qui leue sa teste bien auant dans la mer, mesprisant les éclats des foudres, & les tourbillons des vents, se laisse en fin peu à peu cauer aux molles attaintes des vagues: ainsi les cœurs inuincibles aux pointes du malheur se laissent souuent gaigner aux alleichemens des plaisirs, & surmonter aux ailes de la vie. L'armée d'Hannibal, qui perça les Alpes, & dompta l'Italie, se rendit à la graisse & à la fertilité du territoire de Capouë. Et qui ne sçait que les delicatesses Napolitaines eneruerent les plus
vail

PREFACE.

vaillans hommes d'entre les Romains. C'est pourquoy il importe beaucoup de releuer les faicts memorables de ceux qui se sont rendus victorieux des voluptez, & d'en faire voir les triomphes, & d'en estaler les trophées. C'est ce que ie fay en cét Aristandre; Où il me semble que le Lecteur pourra rencótrer deux pas scabreux, qu'il faut que i'applanisse & adoucisse, de peur qu'il n'y bronche, & ne vienne à iuger autrement qu'il ne doit de mes intentions. Le premier est touchant les vices des Grands, & des Princes, qui
†† sont

Contraste insuffisant

NF Z 43-120-14

PREFACE.

sont ici maniez, non de main morte, mais rudement & seuerement. Ce qui semble repugner à la maxime, qui veut que l'on n'employe aupres des oreilles des personnes de cette qualité, que des paroles de soye, & des termes doux & gracieux, pour exprimer leurs actions, mesme les plus mauuaises. Mais outre que ie croy cette maxime sortie de la boutique de la flatterie, l'ennemie capitale des Princes, & la plus pernicieuse peste qui les puisse accueillir, ie croy que s'il faut porter du respect à leurs personnes qui sont sacrées & venera

PRÉFACE.

venerables, il faut traitter les deffauts de leurs esprits de la mesme façon que les Chirurgiens traittét leurs corps, sans prendre garde à leurs qualitez, ils sont malades comme les autres, il les faut traitter comme les autres, si vous les espargnez vous les perdez. S'ils ont vn vlcere, à faute d'y mettre le fer & le feu, la gangrene s'y mettra & les voyla morts. En ont-ils vn spirituel? si vous le mignardez, vous le fomentez, & si vous le fomentez vous le rendez incurable, & semblable à celuy duquel se plaignoit ce grand Roy, selon le

PREFACE

cœur de Dieu, quand il difoit: mes cicatrices se sont pourries & enuieillies aux yeux de mon ignorāce, parce que ie n'en ay pas esté auerti, & c'est pour cela que ie me suis courbé; c'est à dire, vers le mal iusqu'à la fin, & m'y suis porté à l'extremité & à outrance. Les theatres où se font les plus sanglants cōbats des vertus & des vices, sont dans les Cours : car és Grands tout est Grand, & bien que grands en splendeur, en dignité, en richesses, en auctorité, ils sont encor plus grands en bon & en mauuais exemple. Ie sçay
bien

PREFACE.

bien qu'il ne faut pas auſſi remerairement abuſer de la licence d'eſcrire, & que la verité eſtant touſiours bonne, elle eſt encore meilleure & plus puiſſante, lors qu'on la dit iudicieuſemét, & conſiderément, & que les plus delicattes viandes requierét encore quelque aſſaiſonnement pour eſtre plus friandes. Dauid auoit commis deux horribles pechez, d'adultere, & d'homicide (qui ſont ceux qui font plus de bruict ſur le theatre de cette Hiſtoire Germanique,) & voyez auec combien de ſainc-te induſtrie le Prophete

PREFACE.

Nathan luy remet ses fautes deuant les yeux? Il l'entretient d'vne parabole, & auec vn fer caché dans du coton, creue son aposteme & le guerit. Est-il question d'appaiser le seuere courroux de ce mesme Prince, contre son fils Absalon? Voyez auec combien d'accortize la sage Thecuite le sçait adoucir, & par vne autre parabole luy arracher la haine du cœur. Ie croy auoir obserué vn pareil stile en ce Liure, au moins l'ay-je desiré: si ie ne reüssis pas si heureusement, cela doit estre pluftost imputé à mon insuffisance qu'à ma

mali

PREFACE.

malice, tous les Chirurgiens n'ont pas la main également douce & legere, & pour habiles qu'ils soient, il leur est impossible de panser vne playe sans faire mal au patient. Mais c'est vn mal qui tend au bien, & vne petite douleur qui remedie à vne plus grande. I'ay doncques desiré garder la bien-seance, en parlant des fautes & des passions des Grands & des Princes, dont il est discouru en cette Histoire, d'vne façon qui ne leur peut estre preiudiciable : que si ie n'ay sceu si bien en adoucir le narré, ny polir les reprehen-

PREFACE.

sions, que l'on se souuienne, que la lime ne seruiroit de rien si elle n'auoit des dents, & que la poudre qu'on souffle dans les yeux pour en ronger les tayes, ne seroit pas corrosiue si elle n'estoit mordicante. L'eau qui graue sur l'acier doit estre forte, & la medecine ne peut purger sans amertume. Au reste si ie suis tenu pour mauuais Courtisan, ce ne sera pas vn grand blasme. Les Prophetes qui ont repris les Roys de leurs crimes, n'ont pas tous esté si doux, & si accorts que Nathan. Et le grand Baptiste n'y faisoit pas tant de façon,

quand

PREFACE.

quand il disoit à Herodes, tu n'auras pas la femme de ton frere. Ny S. Ambroise, quand il tançoit si aigrement, si rudement, & si publicquement Theodoze, S. Chrysostome Eudoxia, & mon predecesseur S. Anthelme le Comte de Sauoye. On peut librement parler des tesmoignages de Dieu deuant les Roys, sans estre confondu. L'autre pas vn peu plus chatouilleux, est en quelques Lettres d'vne Princesse passionnée pour Aristandre. A la verité si la malice les regarde seules, sans leurs responses qui sont en suitte, elle aura de-

††5 quoy

PREFACE.
quoy triompher en reprehensiōs. Mais tout ainsi qu'il y a vne fontaine à Pouſſole en Italie, voiſine de la grotte du chien, qui redonne les eſprits & la vie aux animaux que l'air empoiſonné de cette cauerne a comme priuez de ſentiment, & de l'vſage de leurs facultez naturelles; de meſme les vicieuſes affectiōs de cette femme, ſont tellement corrigées par les vertueuſes & ſainctes reſponces d'vn homme de bien, que ie croy, que ces lettres pourrōt ſeruir à faire haïr le vice, (qui eſt le deſſein qui me les a fait publier) ny plus ny moins

PREFACE.

moins que l'antimoine, qui est vn venin presant, quád il est bien preparé sert à la purgation des estomacs cacochimes. On ne sçauroit faire de bonne Theriaque, sans qu'il y entre des serpets, mais en telle doze que ce venin soit surmonté par les medicamens salutaires qui entrét en la composition. Les lettres sainctes font bien dire à la femme de Putifar, des mots qui ne peuuent estre proferez par vne bouche qui a le front tendre. Si quelques esprits niais comme ces corps vlcerez qui craignent le moindre heurt, treuuent

PREFACE.

que cette lecture les offence, qu'ils la passent, ils ne laisseront pour cela de faire profit de cette Histoire. Il y a des estomacs qui ne peuuent rien manger de crud, d'autres qui sont forts & robustes, qui digerent les herbes, les fruicts, les vinaigres, les espices, les saleures & la glace encore, non seulement sans danger, mais auec auantage de leur santé: les perdrix de Cilicie plus delicates que les autres, se nourrissent de venin. Plusieurs peuples des mondes nouueaux, se repaissent de serpens, & de Crocodilles, & ne font point de
mau

PREFACE.

mauuais sang de ce mauuais suc, tout est sain aux sains, & net à ceux qui sont nets de cœur. Le rayon du Soleil passe sur la cloaque sans s'infecter, & nostre entendement sur la bouë des vices, sans en contracter aucune semblance; au contraire la connoissance du mal le rend plus sain, & l'horreur qu'il en conçoit fait qu'il le deteste dauantage, & que la volonté s'en écarte bien plus promptement. Il en est des Liures qui proposent des enseignemens par la moderation des mœurs, comme de ces boutiques où parmi

PREFACE.

mi les drogues salutaires il y a des poisons; mais le docte Pharmacien sous l'ordonnance du sçauant Medecin, en sçait faire des vnes & des autres, des compositions que les anciens Grecs appelloient les mains des Dieux, à cause de leurs operations miraculeuses. Les esprits minces prennent scandale de tout, les robustes de rien. Les traits les plus hardis de la Penitence sont souuent pris pour des deffauts par ceux qui ignorent l'art. La Musique a ses faux tons, qui ont leur grace dans vn concert. Vne verruë naturelle, ou vne mousche
arti

PREFACE.

artiste, releuent quelquefois de beaucoup la grace d'vn beau visage. Il y a bien des taches en l'orbe de la Lune, qui rendent plus visue la clarté de son argent. Lisez la Somme de S. Thomas, vous verrez tout à l'entrée qu'il fait cette question; s'il y a vn Dieu? & aussi-tost il respond, qu'il semble que non, & allegue apres les raisons ou plustost les fureurs des Athées. Vne ame foible qui iugeroit du bastiment par ce frontispice, prendroit pour vne escole d'Atheisme, celuy qui enseigne les veritez de la plus pure Theologie, & les
secrets

PREFACE.

secrets des mysteres de nostre saincte foy. Ce qui me faict souuenir de cét Espagnol, qui estant venu pour visiter l'Escurial (le plus superbe Monastere du monde) s'estonna tellement de la belle entrée de cette Cour, qu'ils appellent des Roys, en demeurant selon le Prouerbe, Castillon à bouche ouerte: Qu'il ne peut estre persuadé d'aller plus auant en la veuë de l'Eglise, & de la maison: car, disoit-il, si ce paruis qui est exposé à la veuë, & à l'abbord de tout le monde, est si rauissant que son aspect m'a pensé atter-
rer,

PREFACE.

rer, mon ame sans doute sortiroit de mon corps par le redoublement des pamoisons, que me causeroit la rauissante veuë de tant de raretez & de richesses qui se descouurét en vingt & deux Cloistres, la plus part à double & à triple estage, dont ce chaos, & ce labyrinthe de merueilles est composé: Ie me contente de voir ce miracle de l'art, des yeux de la foy, pluſtoſt que de perir par la curiosité & l'admiration. Ainsi s'en retourna ce bon homme sans considerer que de tant de gens, qui ont esté voir ce fameux edifice,

PREFACE.

ce, on n'a point remarqué que l'extase en ait emporté aucun. Que de gens iugét les choses par la crouste, que de bastimens sont admirez par la simmetrie de leur frontispice, qui n'ont rien de recommandable au dedans; que de procés se decident sur l'etiquette, & que de bós Liures sont condamnez indiscrettemét, pour vn passage, ou pour vn traict, ou pour quelque essor de plume. C'est comme d'vn Diamant de plusieurs carats, & d'vne grosseur de grand prix, qui pert extrémement de sa valeur, & deschet de son estime
par

PREFACE.

par la moindre paille qui trauersera son œil ou obscurcira son eau. Des Lecteurs si delicats ne sont pas gens qui facent de grands voyages en la lecture, ny qui facent de longues traittes en des Liures, la moindre montée les fasche, la moindre vallée les importune, & si tout n'est vni & plain ils ne peuuent auancer vn pas. Le moindre discord leur offence l'oreille, vn mot hardi leur blece l'œil, vne façon extraordinaire de s'exprimer leur est vn outrage, vne metaphore tant soit peu esloignée, vne insolence, vne liberté honneste

PREFACE.

neste, vne licence insuportable.

Ils mettent tout leur sens dans la
correction,
Et n'ont iamais d'autruy de
bonne opinion,
Tout discours leur deplaist s'il
n'est à la moderne,
Ils cherchent en plain iour vn
homme à la lanterne,
Grattent tant le François
qu'ils le deschirent tout:
Blasmant tout ce qui n'est facile qu'à leur goust,
Sont vn mois à connoistre en
tastant la parole
Quand la periode est, ou trop
rude, ou trop mole.

De moy ie croy que les
hom

PREFACE.

hommes de bon sens, sont de l'auis d'Horace, qui dit que quand en vn ouurage il y a plus de bien que de mal, plus de poli que de rude, il ne se faut pas offencer de quelques legeres imperfections. Les iours les plus clairs, & les plus serains ont bien de petits nuages qui prestent des ombres gratieuses aux voyageurs. Il n'y a personne en ses actions, en ses dicts, ny en ses escrits, qui n'ait ses deffauts. Les plus parfaits sont les moins imparfaits, les plus accomplis ceux qui sont les moins blasmables, & les plus vertueux ceux qui ont moins

de

PREFACE.

de vices. O qu'il y a peu de gens semblables à l'Aristandre, dont ie vous vay presenter le pourtraict.

Appro

Approbation des Docteurs.

NOus soubsignez, auons veu & leu ce Liure, intitulé *Aristandre*, auquel n'auós treuué aucune chose contraire à la foy Catholique, mais vne belle recommandation de la vertu, accompagnée d'vne eloquéce incomparable. Fait au Conuent de Sainct Bonauéture de Lyon, ce 28. iour d'Oct. 1624.

Frere IEAN MARION, *Gardien au Conuent de Sainct Bonauenture.*

Frere BERNARDIN MOLLIASSON, *Lecteur audit Conuent.*

PERMISSION.

IE consens pour le Roy, l'impression du Liure intitulé *Aristandre, ou Histoire Germanicque*, Estre faite par IACQVES GAVDION, auec deffences en tel cas requises. Ce 30. Oct. 1624.

PVGET, *Procureur du Roy.*

IL est permis à IACQVES GAVDION, Marchand Libraire de cette Ville, d'imprimer vn Liure intitulé *Aristandre, ou Histoire Germanicque*, composée par Monsieur l'Euesque de Belley, auec deffences en tel cas requises. Faict ce 30. Octobre 1624.

DECHAPONAY.

Extraict du Priuilege du Roy.

Ar grace & Priuilege du Roy, en datte du quatorziesme d'Octobre, mil six cens vingt & & quatre, il est permis à IACQVES GAVDION, Marchand Libraire à Lyon, d'imprimer ou faire imprimer vn Liure intitulé *Aristandre, Histoire Germanicque*, composée par Monsieur l'Euesque de Belley, & deffences sont faittes à tous autres, de quelle qualité & condition qu'ils soient d'imprimer, faire imprimer, ou exposer en vente le susdict Liure, que si quelqu'vn est treuué saisi d'autres exemplaires que de ceux qu'aura fait imprimer ledict exposant, il soit tenu aux peines contenues audict Priuilege.

ARISTANDRE.

LIVRE 1.

Les Empires sont en quelque façon semblables aux tresors. Ceux-cy s'amassent & se recueillent auec beaucoup de peine, de temps, & de sollicitude, & se dispersent auec facilité, promptitude & prodigalité. Il arriue ordinairemét que les enfans sont liberaux & despensiers dont les peres ont esté auares & tacquins, &
qu'ils

Aristandre,
qu'ils perdét en peu d'espace ce que les autres ont entassé auec vn trauail extreme en vne longue suitte de iours. Le mesme en est-il des Monarchies; il faut des siecles pour les estendre, dóner plusieurs batailles & cóbats, faire vn Monde de conquestes pour conquester vne partie du Monde, courir mille hazards, employer le sang & le conseil, & embrasser mille fatigues, bref remuer ciel & terre pour vnir tant de Prouinces, lier tant de differentes inclinations, gouuerner tant de diuers peuples, & plier au ioug tant de contraires

res humeurs par induſtrie. Et puis en peu de temps s'en fait la diſſipation qui fait euanouïr toutes ces ſueurs, perdre tous ces ſoins & toutes ces veilles, rompre tous ces liens, & mettre au vent toutes ces induſtries, comme autant de toiles d'araignée. Telle eſt la viciſſitude des choſes humaines :

Car nous ne voyons rien icy bas d'arreſté,
Touſiours l'on va de l'vne à l'autre extremité.

Cette inſtabilité eſt ſemblable à vne maſſe de vif-argét, laquelle plus vous voulez eſtreindre & reſſerrer, plus elle

A 2 s'épar

s'éparpille. Qui voudra repasser en son souuenir l'histoire de la naissance, progrez, & decadance des Empires des Assyriens, Chaldeens, Grecs, & Romains, y verra comme en des miroirs, ou en des tableaux, la verité que ie viens d'auancer. Car ils ne sont pas plustost arriuez au faiste d'vne enorme grádeur, & comme à la cime de leur perfection, que comme la pierre de Sisife ils sont tombez dans le precipice de leur confusion & de leur ruine: ils n'ont pas si tost esleué leurs testes comme les cedres du Liban, qu'aussi tost ils n'ont plus

plus esté pareils au pelotõ du ver à soye, qui ne se file qu'en vne longue suite de iours, & qui se deffile en vn moment: ils n'ont pas plustost esté faicts qu'ils ont esté deffaicts. Alexandre le Conquerãt du Monde n'eut pas plustost rédü le tribut à la mort par vn peu de poison qui luy auãça le terme de sa vie, que voila toutes ses Prouinces dõptées par tant de voyages, par mer & par terre, par tant de trauaux & tant de sang, partagées par ses Courtisans, & diuisées par ses Gouuerneurs. Vous diriez que c'est le fleuue Gygon tari par Xerxes,

Aristandre,
qui le fit par despit escouler par diuers canaux. Car comme dit le Gentil du Bellay,

Les Regnes & les Empires
En des Estats beaucoup pires
Souuent on a veu changer ;
Et l'on a veu les Prouinces
Quitter le joug de leurs Princes
Pour celuy d'vn estranger.

Nul, iusques à ce qu'il meure,
En vn estre ne demeure,
Parce qu'vn Sort inconstant
Ores le rehausse, & ores
Le rabaisse, & puis encores
Iusqu'au Ciel le va montant.

Ce changement & ce passage de l'vn en l'autre des Empires fut diuinement bien figuré au Roy des Assyriens en songe

songe par cette statuë de diuers metaux reduite en poudre par la cheute d'vne petite pierre, destachée sans mains du faiste d'vn rocher, laquelle apres auoir faict ce grand fracas & estre descenduë au plus profond d'vne vallée s'esleua en vne haulte montagne. Aussi le Prophete Daniel l'interpreta de la sorte, faisant voir à cet orgueilleux Prince, que les variatiõs des choses humaines ne regardoient pas seulement les personnes, les maisons ou les familles particulieres, mais encores les Estats & les Royaumes, d'autant que la rouë

des choses souslunaires, cõme celle de la boutique d'vn Potier, tournant incessamment comme les spheres des Cieux, fait des vastes tours, ainsi qu'il plaist au grãd Ouurier, tantost d'honneur, tantost d'ignominie, haussant ce qui est bas, abbaissant ce qui est haut, tout estant paistri d'vne mesme bouë. Et c'est pour cela qu'vn Ancien a de fort bonne grace comparé la fortune à la foudre : parce que tout ainsi que l'vne touche plus ordinairement les cornes esleuées des monts plus sourcilleux que le creux des humbles vallées, & monstre
plus

plus volontiers son effort sur le faiste des Palais Royaux reuestus de marbres, & releuez de porfires, que contre les bois mal ajustez de cabannes des Païsans : Aussi l'autre se plaist d'auantage d'exercer sa puissance, ou plustost sa tyrannie en la demolition & ranuersemét des Estats & des Empires, qu'en la ruine des races ou des familles particulieres. I'auáce tout cecy pour faire voir à l'œil & toucher au doigt la miserable decadance de ce grand Empire des Romains, tombé de la cime de cette hauteur, où les Histoires l'esleuent, en cette

A 5   peti

petitesse & foiblesse, auquel nous le voyons maintenant reduit, ne subsistât plus que, comme Dauid dit de l'homme, en image. reduit non seulement en vn recoing de l'Europe, qui est l'Allemagne ; mais l'Allemagne mesme, cette grande Prouince des Germains, diuisée en tant de parcelles, qu'il y a presque autant de Souuerainetez que de contrées, que de vallons, que de villes, que de Cantōs, & que de Chasteaux. Deplorable fracas d'vne si espouuantable machine : Car laissant à part ce qui est de la dignité Imperiale, laquelle cōme me vn foible lien, ou comme vn debile pampre ramperoit contre terre, si elle n'estoit appuyée de la muraille, ou soustenuë de l'ormeau de quelque grande & Illustre Maison; Qui ne void que les Princes mesmes de l'Empire secoüent en sorte ce joug, qu'ils releuent plustost l'Empire qu'ils n'en releuent, leur soubmissiō n'estant plus subsistante qu'en la ceremonie de certaines Diettes qui regardent plustost la conseruation cōmune de l'Allemagne que la splendeur de la Majesté Imperiale, chacun y accourant cōme à son interest particulier, nõ comme à celuy du public, & pluſtoſt pour eſtre appuyé que pour appuyer, pour y eſtre honoré que pour honnorer, & pluſtoſt pour ruiner que pour conſeruer ce grand edifice, qui comme ces vaſtes baſtimẽs s'eſt fondu ſous ſon propre poids, eſcraſé ſous ſon faix, & accablé ſous ſa propre grandeur; ſa hauteur demeſurée luy faiſant pancher & prendre coup à ſa ruine?

Comme quand aux ſommets
des hauts monts éuentez
La main des laboureurs aſſaut
de tous coſtez
Un vieil cheſne ſauuage à
grands

grands coups de coignée,
Que redouble à l'enuy la trou-
pe embesoignée:
Il menace long temps de son
chef ombrageux,
Chancelant sous les coups d'vn
tranchant outrageux,
Qui fait trembler d'horreur
ses vertes cheuelures,
Iusqu'à tant qu'à la fin vain-
cu de ses blessures:
Il chancele & gemit pour la
derniere fois,
Et fracasse en tombant infinis
petits bois.

Ce dernier vers me fait souuenir à ce propos de cette
haute pointe de rocher que
le Prophete appelle Tophet,
laquel

laquelle estát esleuée sur vne falaise qui estoit en son pied battuë des flots de la mer, & venant à rouler dedans le precipice entraina vn nombre infini de pierres deuant soy, & attira à sa suitte mille petits cailloux qui la suiuoient, comme les moindres poissons la grosse Baleine, & comme les animaux font la Panthere. Il me semble que l'Empire Romain, qui comme vn Ciel Empirée embrassoit autrefois tant d'estats en son enceinte, est deuenu fort empiré, depuis que tant de pieces vnies par tant de triomphes à ce Diademe, & ci-
men

mentées par tant de sang, se font destachées de cette masse, & descousuës de ce grand habit jadis si venerable.

Quand les extremitez d'vn corps malade deuiennent froides & insensibles, la chaleur & les esprits vitaux se retirans en la poitrine, c'est signe qu'il tire à sa fin : mais quand les deffaillaces attacquent le donjon, c'est à dire le cœur, c'est vn euident tesmoignage de la proximité de la mort. Des-ja l'Oriét secoüa le joug par la diuision de l'Empire ; mais en l'Europe que reste-t'il ? La France, l'Angleterre, l'Espaigne, les Roys

Roys Septentrionaux, la plus grande part de l'Italie n'ont plus aucun rapport à cette grandeur: ce peu qui en reste en celle-ci, est si foible que c'est cōme vn rayon languissant du Soleil qui se couche. Quoy? & dans l'Allemagne mesme les Princes & les Villes libres y ont pris vne telle auctorité, que leur obeissance se mesure à ce qui leur plaist, & à ce qui leur est vtile. Mais sans nous rēdre trop curieux dans la Republique d'autruy, & laissans à l'Empire la préeminence & reuerence qui luy est deuë, veu mesme qu'il se treuue en vne main

main qui ne se rend que trop redoutable à l'Vniuers : & dont la grandeur fait naistre beaucoup de iustes ialousies; contentons - nous de ce qui vient à nostre sujet, en disant que comme les anciés Sculpteurs firent plusieurs belles statues des pieces qu'ils tirerent du desbris du Colosse de Rhodes, de mesme de la demolition de ce vaste Empire, se sont faits beaucoup de moindres Estats, qui en sont sortis, ny plus, ny moins que les jettons qui renaissent du trõc d'vn gros arbre coupé aupres de sa racine. L'Allemaigne est vn Theatre de
Princi

Aristandre,

Principautez: car comme elle est beaucoup plus grande, aussi est-elle bien plus remplie de petits Princes. Entre lesquels (pour venir à ma Narration) vn du tiltre de Comte, mais Souuerain, s'estant allié à vne belle & riche heritiere de son mesme tiltre selon la coustume des Allemans, coula auec elle peu d'années: mais en la plus douce vie, & en la plus contente & agreable compagnie que l'on puisse imaginer. Mais

O rigoureuse loy du Ciel & du destin,
Qui fais de nostre soir & de nostre

stre matin,
Presqu'vne mesme chose.
Que l'estat des humains est plein de changement,
Et que ce qui nous plaist passe legerement:
Comme vne belle roze!

Vn lustre & demy fut le cours de ces felicitez, & le tombeau emporta les esperáces de la deplorable Argée (ainsi appellerons-nous cette Princesse doüairiere) laquelle se vid vefue à vingt & six ans, & priuée d'vn mary qu'elle aimoit comme ses yeux, & qui estoit idolatre d'elle: toute sa consolation, si son dueil en est capable, est en deux
ima

images viuantes de son cher espoux, qui luy remettent tous les iours deuant la veuë & dedans le cœur, l'aigre-doux souuenir de sa perte. Et i'appelle ce souuenir aigre-doux, parce que les enfans font aux vefues le mesme effect de la lance Pelias, qui portoit la guerison où elle faisoit la blessure: car comme leur aspect naure le cœur ensemble d'amour & de pitié, vous diriez que ce sont des abeilles qui picquent & portét en mesme temps le rayon de miel. Tandis qu'ils croissent petit à petit cóme deux ieunes palmiers de sexe different

ferent (car on tient qu'il y a différence de sexe en ces arbres là : comme il y auoit entre ces deux enfans, l'vn eſtát maſle & l'autre femelle) & qu'ils portent des fleurs à la veuë & comme à l'enuy l'vn de l'autre, fleurs qui promettent de doux fruicts en leur ſaiſon plus auancée : Argée contemple en eux comme en de clairs miroirs, & en de fines glaces, les humeurs & les vertus du Pere, & ſes propres beautez. Cette douceur efface peu à peu l'amertume de ſon ame, & la neceſſité de la mort qui a des rigueurs incomparables, fit naiſtre en elle

elle cette resolution, que le temps aussi bien fait éclorre, qui est de porter patiemmét vn mal sans remede. Cette suauité de voir reuiure sa moitié en ces productions de son sang, & de se voir renaistre en ces rejettons de ses entrailles, fut suiuie d'vne autre d'autát plus delicate que spirituelle, ce fut le contentement de se voir regner absolument & souuerainement, chose qui non seulement flatte, mais charme toutes sortes d'esprits, mais principalement les femmes : qui sont d'autant plus friandes de l'Empire & de la domination

tion, qu'elles sont par nature & par deuoir destinées à la soumission & à la seruitude. Car Argée n'estoit pas seulement douairiere, mais tutrice de ses enfans & de leurs biens durant leur bas âge, & en suitte du gouuernemét & de la regence de tout l'Estat. Quand les Princes gouuernent, leurs femmes n'ont soin que de s'ajancer & de se polir, toute leur occupation est de se rendre belles & agreables pour captiuer par ces douces & honnestes tromperies, le cœur de celuy qui d'autre part est leur maistre & leur Seigneur. Tout flechit donc

donc sous elle, elle est seule regardée, admirée, reuerée, adorée: elle est l'astre vnique dont ses enfans ne sont que des foibles rayons ; car la bassesse de leur âge ne leur permettoit pas encore des pensées éleuées, ny qui regardassent la police d'vn Estat. Helas qu'vn Ancien a bien dit, que la felicité est la marastre de la vertu ! car cōme les Singes estoufent leurs petits en les embrassant, de mesme la fortune faisant semblant de ietter les bras au col de la Vertu, comme pour recompenser son merite, c'est pour la perdre & la suffocquer

quer, c'est pourquoy ce Poëte disoit:

Les femmes des Romains chastes en pauureté,
Vindrent par la richesse à l'impudicité.

Et vn Prophete voulant assigner la cause du peché execrable, & de la ruine épouuantable de cette Cité qui fut bruslée du feu du Ciel, n'en dóne point d'autre, que l'oisiueté & l'abondance. Ce sont les grands arbres qui resistent fortement à l'impetuosité des vents, les menus en sont emportez & facilement desracinez. Il faut vne ferme assiette en la vertu, &

B　　　y auoir

y auoir ietté de profondes racines, pour ne se laisser point corrompre à tant de delices, flatteries, & mignardises, qui assiegent ordinairement la grandeur: les ames vulgaires d'vne commune troupe & d'vne vertu mediocre en sont incontinent empoisonnées, & se laissent bié tost emporter à la deprauation. Qu'eust fait Argée parmy tant de voluptés, bien traittée, bien nourrie, bien parée, dedans l'aise par dessus la teste, dedans l'or, les perles & les tresors iusques à la gorge; honnorée, idolatrée, respectée. C'est tout dire, quand on on dit Souuerainemét. Estre parmy tant de delices sans volupté, parmi tant d'honneurs sans vanité, parmi tant de richesses sans s'y plaire, & sans despése; n'est-ce pas vouloir estre de glace parmi des ardeurs, & voler dans les flámes sans brusler ses aisles? Bien qu'elle soit cóme cette fille veillée par vn Argus (car qu'est autre chose le Theatre d'vne Cour?) éclairée de tant d'yeux ausquels elle estoit tous les iours en spectacle, & vn spectacle de rauissement; Si est-ce que la crainte de la grandeur fait tout ainsi que le Soleil, lequel

rendant tout visible, est inuisible luy mesme, esblouissant les yeux qui le regardét trop fixement. Les grands ont des cachettes dans leur lumiere, & sçauent auecque tant d'art & tát de fard couurir leurs deffaults & leurs offences, que ceux qui les croyent ne les voyent pas, & ceux qui les voyét & en sont les complices, à peine les peuuent croire, au moins ne les croyent pas pour deffaults, tant ils sont occuppez de l'idée d'vne grandeur souueraine, en laquelle ils peuuent moins imaginer de taches qu'en l'orbe de la Lune. Au
lieu

lieu que comme ce qui rend celles de la Lune plus remarquables, c'est parce que ce Planete est le plus visibile de tous ceux que la nuict fait paroistre, aussi les fautes des Grands sont d'autant plus notables & scádaleuses, qu'ils iouënt des personnages plus signalez sur la scene de cette vie & sur le theatre du Monde. L'abondance de la paix & la douceur du repos engendrét l'oisiueté : & la faineantise est comme ces eaux relantes qui n'engendrent que des ordures & des bestes venimeuses. Voyez-vous là l'estat en apparence heureux, en effect deplorable de la Princesse Argée. Elle voit fendre les presses en Idolatres, & se voit enuironnée de Gentils-hômes & de Courtisans, qui eussent peu disputer de la bonne mine auecque ceux de Salomon, dont la Reyne de Midy fit tant d'estime. Si elle se regarde dans son miroir, elle se connoist ieune & belle : si elle considere sa condition, elle se sçait grande & riche : elle croit tellement estre arriuée au faiste de l'honneur, que mesme la mesdisance luy paroist vn trop foible broüillars, vne trop debile vapeur,

pour

pour pouuoir obscurcir sa renommée. Elle se persuade, que comme elle peut pecher impunément, elle le peut encor sans encourir infamie: car qui oseroit attenter de parler d'elle sans se rendre criminel & coulpable de mort? joinct que les grands ne treuuēt que trop de complices de leurs passions, trop de partizans de leurs delices, & ne manquent point de voiles pour deceuoir les yeux les plus penetrans; Sa ieunesse, sa beauté, sa santé, son pouuoir, sa richesse, sa grandeur, la facilité qui secondoit ses inclinations la firent pancher du mauuais costé & luy firent prendre le pli d'vn vice qui se flatte d'infirmité pour s'excuser, mais qui, si en toutes personnes, principalement en celles de son sexe & de sa qualité, est tout à faict inexcusable & deshonnorable. Car en fin que reste-t'il à vne femme qui fait banqueroute à ce qui seul est capable de la maintenir en bonne odeur deuant Dieu & deuant les hommes? A la verité ce n'est pas sans grande raison que le grand Apostre sembloit non seulemét conseiller, mais commander aux ieunes vefues qu'elles se remarias mariassent. Car si la chasteté des filles est tendre & delicate, celle des Vefues, comme dit S. Ierôme, est beaucoup plus forte & penible: si celle-là est plus glorieuse, celle-cy plus genereuse : celle-là plus heureuse, celle-ci plus difficile, & en quelque façon plus meritoire, biẽ que d'ailleurs la virginité ait vne preeminence toute singuliere, & vne excellence plus Angelique qu'humaine , voire plus qu'Angelique. C'est donc vraiment à ces vefues là qu'on peut dire, qu'il leur vaut mieux voler à de secondes nopces que de brusler dedans les mesmes feux que leur beauté, leur âge & leurs attraicts allument en tant de cœurs. Argée belle, propre, delicatte, & enuirônée d'autant de graces que le Soleil a de rayons, eust elle bien peu côme cet Astre eschaufer tout, sans se rédre susceptible d'aucune flamme? eust elle peu porter des embrasemens en tant d'esprits, sans qu'il en fust ou rejalli, ou demeuré quelque estincelle dans sa poitrine? Elle se plaisoit d'estre veuë, d'estre flattée, d'estre prisée comme vne mortelle Deesse, d'estre cajollée, d'estre estimée: l'oyseau qui

qui se plaist au chât, est bien tost aux appeaux. Pour cela les atours & les paremens luy aggreét vn peu plus que ne porte la bienseance du vesuage : apres elle se mire dedans ses belles plumes, dedans la perle & la pierrerie, & ne treuue point estrange qu'on la treuue adorable; mais elle s'émerueilleroit si l'on faisoit autrement, & tiendroit pour gens de peu de iugement, ceux qui ne l'estimeroient pour vne des belles Princesses de la terre. Il est malaisé de se complaire à estre veuë sans se laisser aller à la complaisance de voir : elle fait estat de ceux qui sont propres, lestes, gentils, bié couuerts: cela c'estoit souffler le souffre & le feu dedás les veines de ses Courtisans, qui n'auoient autre but que d'aggreer à ses yeux, selon l'ordinaire de ces gens là, qui n'ôt presque autre diuinité que celle de leur interest ou de leur ambition: & pour cela tout ce qui les peut esleuer, comme sur tout la faueur du Souuerain, c'est le nort de leur voyage. Estre veus d'vn bon œil, c'est ce qui les rauit, mais estre enuisagez par vn bel œil, c'est ce qui les trásporte : estre loüez

ar

par vne bouche d'où sortent les oracles de leurs destinées, c'est ce qui les esleue, mais si vous y adioustez le tiltre de Belle, c'est ce qui les emporte : car la loüange qui sort d'vne belle bouche, ne peut iamais estre laide: ce sont des perles qui naissent du corail. Cette humeur met la sumptuosité dans sa Cour, ceux de sa suitte en despense, & plusieurs en ruine. Car c'est la nature des Courtisans de s'adonner à ce qu'ils voyent aggréer à leur Souuerain, se metamorphosans côme des Poulpes és couleurs de cet obiect auquel ils s'attachent,

comme au roc qui doit seruir de baze à leur fortune. Certes cét Ancien a tres-biē dict, qu'encore que les grāds soient puissans en auctorité, ils le sont encore plus en exemple, car chacun court apres leurs traces en foule, n'y ayant celuy qui ne pense faire fort raisonnablement & loüablemēt ce qu'il fait à leur imitation. En peu de temps Argée fait de sa demeure vn vray Palais d'Apollidon, ou pour parler plus ouuertement, vne eschole d'Amour; mais Dieu de quelle Amour! certes d'vne amour profane, & qui
n'ayant

n'ayant que le masque & l'apparance d'hônesteté, (car autrement c'eust esté vn lieu infame, & vne abomination de desolation en vne demeure venerable & comme sacrée) donnoit vne extreme licence à la ieunesse, laquelle comme vn torrent impetueux qui fracasse tout ce qu'il rencōtre, quelques precautions & seueritez qu'on y apporte, ne laisse de se porter à cette passion auec vne precipitatiō furieuse; Il n'est pas tenu pour galand homme qui n'a pour object de ses desirs vne Dame : & vne Damoiselle n'est pas estimée, qui

qui n'est seruie de quelque passionné, & qui a le plus de seruiteurs est la plus prisée. Pour foible que soit le pretexte de mariage, il suffit par bienseance pour auctoriser vne affection, sur quoy il arriuoit tous les iours mille querelles & broüilleries, que la ialousie, la mocquerie, les faux rapports & autres ioüets & sottises de Cour alloient produisant. Es lieux où la contrainéte est plus grande, la dissimulation a plus de lieu, & la flamme semble d'autant plus cuisante qu'elle est plus reserrée, & les effects de ce feu subtil
com

comme ceux de la foudre se font connoistre aux stratagemes dont cette fureur qui éguise les esprits donne l'inuention: mais icy les recherches se faisoient à camp ouuert:& pour le jeu, la dance, la conuersation, les assemblées, les festes, les promenades, les Musiques, les chasses, les pōpes, & autres allumettes de ce feu dangereux, elles n'estoient point espargnées. Il eust esté malaisé à Argée de ietter les yeux sur tant de fleurs dont estoit sursemé le parterre de sa Cour, qui estoit comme vn iardin d'Adonis, sans se mettre en danger

ger de dire auecque ces desbauchez & reprouuez dont fait mention le Sage: Venez, couronnons-nous de rofes, auparauant qu'elles fleſtriſſent, qu'il n'y ait aucune prairie qui ne ſente en l'arrachement de ſes fleurs, les atteintes de noſtre main pillarde, ne refuſons rien aux appetits de nos ſens, comme fit celuy qui du plus ſage d'entre les mortels deuint le plus infenſé & le plus idolatre. Au commécement, c'eſt à dire lors que la tentation eſtoit encore dans ſa naiſſance & en ſon cœur, & que ce beau nom d'honneur auoit
enco

encore du credit en sa pésée, par vne forte resolution elle faisoit reboucher tous les traits, que l'aueugle Deité de ceux qui se prennent par les yeux par tant de diuers objects, tiroit incessamment dans sa poitrine. Et opposant la gloire de sa vie passée, à l'infamie de celle qui deuoit suiure l'execution de ces desirs, elle se determinoit de mourir pluftost que de viure auec vne reputation autre qu'honnorable. Mais quand d'autre part elle se figuroit qu'elle estoit éleuée comme le faifte du mont Olympe, au dessus des tonnerres &
des

Aristandre,
des foudres, & que comme les Dauphins du grád Poëte:

Elle voyoit sous ses pieds les nuages,
Les tourbillons, les gresles, le orages.

Et que les mesdisances qui la regarderoient ne seroiét que des murmures secrets qui ne paruiendroient iamais à ses oreilles, son eleuation la rendant si redoutable que la detraction n'auroit pas le courage ou l'insolence de l'abborder. Alors elle se laissoit laschement & volontairement pancher du costé de sa ruine, & emporter aux flatteuses & molles delices, que son

son imagination r'appellant ses plaisirs passez, luy representoit, comme ces fausses glaces, beaucoup plus grandes pour l'auenir, suiuant le prouerbe, que les eaux desrobées sont les plus sauoureuses. Neantmoins pour donner quelque espace à sa fureur, & tascher de la diuertir par quelque occupation, sachant que l'Amour enfant de la faineantise est l'employ de ceux qui n'ont que faire, elle se met à bastir, emplit sa teste de desseins & de modeles, se fait entretenir par plusieurs ouuriers capables d'épuiser les plus immenses tresors

sors, par cet exercice de fabriquer que l'on appelle vn doux appauurissement. Les Architectes, les Graueurs, les Peintres, les Sculpteurs, les Ingenieurs l'enuironnent de toutes parts & luy donnent tous les iours mille inuentions pour despenser. Mais las! ils ne luy donnent pas celle qui la dispense des attaintes de ce petit Demon, qui pour vn aueugle n'est que trop franc-archer, puis qu'il ne lasche iamais vne fleche qu'elle ne donne au cœur. Les galleries, les peintures, les marbres, les meubles, les iardinages, les fontaines,

taines, les oyseaux, les promenoirs, la chasse mesme, ce diuertissement si violent & qui rend Diane & ses nymphes exemptes du mal d'aymer, ne parlent à cette ame agitée & blecée que de cette passion là. Car tout ainsi que ceux qui sont predominez de quelque humeur bilieuse, sanguine ou melancolique, tournent en cela mesme toute leur nourriture: de mesme tous les obiects espousent les qualitez de la passiõ qui domine en vne, ame laquelle en est violammēt attainte : tout coopere en bien à ceux qui sont bons, & les meilleures viandes

viandes se tournent en mauuais suc en vn estomach desuoye.

De son palais doré le dessein orgueilleux
A beau leuer au Ciel son labeur sourcilleux,
Et sa masse en hauteur aux astres egalée,
Ombrager leur splendeur par vn front menaçant:
Cette fabrique a beau se rendre signalée;
Son mal pour tout cela n'en est pas moins pressant.
Quel diuertissement, quelle folle pensée!
Dequoy sert de bastir à cette ame insensée,

Inutile

Inutile remede hors de temps
recherché?
Car l'vlcere secret qui dans le
cœur s'allume,
A de son doux venin tout le
sien entaché,
*Et vit dans sa poitrine, & *
ses veines consume.

O Argée qu'il me soit permis de vous dire que les remedes humains sont bien foibles contre vn mal si contagieux, & qu'on blâme plus aisemét en autruy, qu'il n'est facile de l'euiter en soy-mesme. Au contraire il semble que ce soit mettre de l'huille dans le feu, que d'y appliquer les moyens dont vous

vous auisez pour l'esteindre. Que sert de changer de lict ou de demeure? A qui a la fieure dans les os, la chaleur le suit & le deuore par tout, & pour passer de la barque en l'esquif, l'on n'en perd pas le mal de la mer. O Dieu que vous vois-je encore faire! & sçauez-vous bien que ce n'est pour en perdre le mal de vous souuenir que vous estes Mere?

Aucunefois le Prince entre ses bras pressant,
Et l'image du Pere en son fils caressant:
Elle deçoit ses yeux pour voir si par ce change

Elle

Liure I.
Elle pourra d'Amour tromper le charme étrange.

Certes en cela confifte la force de la continence du vefuage, de repouffer les Idées des licites plaifirs, jadis experimentez fous le joug honnorable d'Hymen, à caufe des dangers qui en peuuent naiftre. Ha! qu'il eft malaifé de fe diftraire de regarder ce qui n'a pas efté mauuais à pratiquer. Argée ne voyez-vous pas le piege caché fous ce bel appaft, & le ferpent tapi fous cette fleur fi fpecieufe? Eft-il rien de plus doux & de plus jufte que de permettre à vne Mere vefue de ca-

C 2 reffer

resser tendrement son fils en souuenance de son mary? Neantmoins l'aduersaire de nostre salut qui fait fleche & feu de tout bois, se sert ordinairement des choses licites pour nous tirer insensiblement aux illicites, par des routes incognuës à la simplicité, mais familieres à sa malice. Vous eussiez bien mieux fait, ô Argée, d'imiter S. Elizabeth, fille du Roy de Hongrie, & vefue du Prince de Tulinge, laquelle s'estant tout à fait jettée aux exercices de la deuotion, quoy que ieune & belle comme vous, surmonta par ces armes du Ciel,

Ciel, les tentations de la terre: car, comme dit la saincte parole, la Pieté est bonne à tout. Vous eussiez bié mieux faict d'employer vos richesses à des œuures qui vous eussent amassé des tresors au Ciel, y enuoyant voſtre or & vos pierreries, en lettre de change par les mains des pauures, vous acquerant des amis selon le conseil de l'Euangile, qui vous peussent au iour de voſtre mort venir à la rencontre, & vous accueillir dans les tabernacles eternels. Que vous eussiez esté bien mieux conseillée de baſtir comme cette Saincte

Dame, que ie vous viens de propoſer pour exemple, des Hoſpitaux, & des Monaſteres, qui vous euſſent ſerui de boucliers, comme dit l'Apoſtre, pour eſteindre & rebouſcher les traicts enflammez de la maligne concupiſcence. La pieté vous euſt ſerui ni plus, ni moins que la rhuë herbe forte, ſert aux abeilles, qui la mettent à l'emboucheure de leurs ruches, pour en eſcarter les ſerpens, & les beſtes venimeuſes : car ſi vous euſſiez mis la ſaincte Penitence pour epitheme ſur voſtre cœur, il n'eut pas eſté ſurpris aux appaſts

appasts de tant de vanitez qui vous enuironnoient. O que le diuin Apostre a tresbien dit : que la Vefue qui vit en delices, est morte en viuant : ouy, car en vne vie delicieuse elle souffre des attaques & des peines de la sensualité, qui luy font experimenter des martyres plus rudes que la mort. L'humble violette, dont l'odeur est si agreable, & qui est le symbole de la viduité, comme le lys de la virginité, ne se plaist comme celui-ci, qu'à l'ombre des buissons & entre les espines. Ie veux dire, que les austeritez plustost que les
C 4 de

delicatesses, les cilices plustost que les desirs, la solitude plustost que les compagnies, l'oraison plustost que la cajollerie, les pleurs plustost que les jeux, en somme que la Penitence plustost que les passetemps mondains doiuent occuper les iours & les nuits de celle qui est vrayemét vefue, & qui comme telle, doit seule estre honnorée selon le conseil de l'Apostre. Car la vefue qui veut estre caressée, muguetée, courtizée, qui est curieuse en ses habits, amoureuse des paremens, & desireuse de paroistre, porte iniustement le tiltre

tiltre de vefue, puifque n'eſtant ſeparée des hommes que quant à la volupté du corps, elle leur eſt attachée quant à la volonté du cœur, en quoy conſiſte le vray veſuage, qui renonçant aux ſecondes nopces ſe conſacre à vne perpetuelle continence. Ce nous eſt beaucoup de regret de ne pouuoir loüer cette Princeſſe, comme poſſedant cette qualité: car bien qu'elle ne fuſt pas en termes de paſſer à vn ſecond Hymen, parce que les Souuerains ne ſont pas de ſi frequente rencontre, ce n'eſtoit pas tant, ou la fidelité vers son premier mary, ou l'amour de la chasteté qui la retenoient en cette condition, comme les considerations de la vanité, & le desir de se maintenir en la gloire de son rang: motifs trop impuissans pour la maintenir en son integrité contre tant d'assauts que les objects liuroient tous les iours à son sens, qui pratiquoit auec eux des intelligences pour terrasser sa resolution. Que tarde-je tant à dire, qu'elle se perdit dans les mesmes contentemens où elle pensoit treuuer la satisfaction de ses inquietudes? Donner de l'eau à vn à vn hydropicque ne fait qu'augmenter sa soif : l'hydropisie se guerit bien mieux par l'alteration & par l'abstinence du boire. Ceux qui pensent esteindre les importuns mouuemens des sens, en les laissant courir apres les objets qui leur sont delectables, irritent plustost leur mal qu'ils ne l'amortissent, & luy donnent la vie au lieu de l'arracher. La plus grande de toutes les voluptez, a dit vn sage Ancien, c'est le mépris de la volupté, la victoire en est beaucoup plus delicieuse que n'est pas l'vsage. Or comme au commencement cette flamme volage qui brufloit dans le fein de cette Dame, ne regardoit que la fatisfaction de fes fens, auffi comme vne autre Fauftine changeoit elle fort fouuent de fujet, vfant en cela, pour plaire à fon humeur, du priuilege de fon fexe. Les Grands ne manquent iamais de complices en leurs mauuais deffeins, & treuuent ordinairemét des gens, qui fçauent couurir leurs deffauts par tant de rufes, que ceux qui fçauent le plus de leurs veritez, en publient le moins, & les partizans

tizans de leurs actions blaſmables, ſont les plus éclatantes trompettes de leurs merites, & ceux qui reſonnent plus hautement leurs loüanges. Mais comme il eſt mal-aiſé d'eſtre tous les iours en ſpectacle ſans eſtre apperceu, & de celer ſi bien vn feu qu'il ne ſe découure par quelque étincelle, auſſi en ce gouuernement feminin il eſt malaiſé d'ouurir la porte à la faueur, & de la fermer à la meſdiſance. Car outre que le ſoupçon eſt violent en la difference du ſexe, on croit aiſément que les Grands pluſtoſt naiz que nourris de delices

lices, se laissent aller à la sensualité (que l'on appelle leur vice) si bien que ceux qui n'en sont point entachez ny soupçonnez, sont tenus pour des monstres en la Nature, ou plustost pour des prodiges de la grace. Encore les Princes pour esleuez & Souuerains qu'ils puissent estre, treuuent souuent des oppositions telles à leurs passions, qu'ils sont quelquefois contraincts ou de maudire leur grandeur qui les rend trop visibles ou redoutables, ou de recognoistre qu'encore que leurs volontez facent les loix, ils ne peuuent pas

pour

pourtant faire la loy aux volontez des creatures qui leur sont sujettes & soumises par la loy de l'estat & du gouuernement: Si bien que pour ne les posseder sans elles mesmes, c'est à dire abuser d'vn corps dont l'ame & l'affection soient esloignées, ils sont contraints de laisser la force & les armes, pour conquerir par les souspirs & les larmes, ce que les loix de l'honneur deffendent inuiolablement contre leurs desirs, quand elles sont profondement empraintes en vn braue cœur. Plusieurs aiment mieux estre honnorablemét
pau

pauures, que richement infames, & conseruer leur honneur au peril de leur vie, que de le remettre à l'insolence, & à la merci d'vn Prince qui sera le premier à les dénier quand il les aura abusées. Là où les Grandes treuuent libres & faciles les routes de leurs pretensions dans les dispositions des hommes, qui ne mettans point leur honneur en la conseruation d'vne vertu, qui seule fait priser les femmes, ne sont que trop enclins à satisfaire à leurs propres appetits sans y adjouster la gloire ou le profit d'vne faueur aussi asprement

ment poursuiuie qu'ardamment desirée. Neantmoins cette reigle n'est point si generale qu'elle n'ait des exceptions, ainsi que fera foy l'histoire que nous auons en main. Argée abusant du bas âge de ses enfans, qui n'estoient pas encore susceptibles du scandale qu'elle ne leur causoit que trop euidemment, alloit donc ainsi diuersement contentant ses fantasies, faisant en sa Cour le mesme office que l'on attribue à la fortune, haussant l'vn, baissant l'autre, & se iouant des hommes comme si c'eussent esté des eschecs,

veri

verifiant ainsi le dire de cet Ancien Poëte,

Les Dieux font des humains
ainsi que des marotes,
Et en font leur iouët ainsi que
de pelotes.

Ie dirois combien de querelles, de meurtres, & de violences se commirent pour ce sujet, cōbien de ialousies, de fureurs & de rages s'allumerent à ce funeste flambeau, combien de dissentions inciuilement ciuiles prindrent leur course de cette source infortunée. Le cheual de Troye ne fut iamais si plein de feux & de gensdarmes. Ce qui ternissoit beaucoup la splendeur

deur de cette petite Cour, d'ailleurs toute pleine, comme il est aisé à croire, de galanterie. Ainsi les vices ont leurs contrepoids : leurs routes, comme confessent les reprouuez, sont difficiles, il n'y a point de repos ny nuict ny iour à leur suite, on y sert des Dieux estrangers qui ne recompensent que de tourmens, les vicieux n'ont point de paix, ils sont tousiours dás le scandale, leur cœur comme vne mer bouillante est sans cesse en agitation. Quelquefois ils disent, paix, paix, où il n'y a point de paix, & lors qu'ils sont arriuez au faiste

faiste de leurs pretensions, c'est lors qu'ils sont plus voisins du precipice, d'autant que celuy qui n'a plus rien à esperer, a tout à craindre. C'est ce qu'a chanté à ce propos nostre Seneque François.

O ! malheureux Amour
   Dont la fleche poignante,
   Sans repos nuict & iour
   Toutes ames tourmente,
   Tu domptes glorieux
   Et la Terre & les Cieux.
Nul ne se peut garder
   Que ta main enfantine,
   Ne le vienne darder
   A trauers la poitrine:
   Car contre ton effort

Il

Il n'est rien d'assez fort.
Les Monarques si crains,
   Les Roys porte-couronnes
   Sont aussi tost atteins
   Que les simples personnes,
   Voire que tu te prends
   Plus volontiers aux grands.
Iuppiter qui des Dieux
   Est le maistre & le Pere,
   Qui la terre & les Cieux
   Et les ondes tempere,
   Sent ce cruel enfant
   De son cœur triomphant.
Le foudre petillant
   Dans sa main rougissante,
   Ni son œil sourcillant
   Qui le Ciel épouuante,
   Ne le deffend du trait
   De cet Archer secret.

Aristandre,
Aux enfers il descend
 Et dans l'ame cruelle
 De Pluton se glissant
 Y laisse une étincelle,
 Qui n'a tourment égal
 Dans le creux infernal.
Il dompte sous les eaux
 Les troupes écaillées,
 Il naure les oyseaux
 Aux plumes émaillées,
 Les plaines & les bois
 Sont sujets à ses loix.
Les peuples des forests,
 Les priuez, les sauuages,
 Des terres, des marests,
 Des vallons, des boccages,
 Des champs & des maisons
 Bruslent en ses tisons.
Mais nous sommes sur tous
                    Humai

Humaines creatures,
La butte de ses coups
Et de ses fleches dures,
Nous allons plus souuant
Ses flames éprouuant.

Pour glisser doncque legerement sur les mauuais deportemens d'Argée, durant la plus tendre jeunesse du Prince Hellade, & de la Princesse d'Afroze, (ainsi appellerons-nous ses enfans) nous-nous contenterons de dire, que, comme des deux chiens de Lycurgue, produits d'vne mesme descharge, l'vn fut addōné au trauail de la chasse, & l'autre casanier: de mesme de ces deux enfans il y en eut

vn qui fuiuit en fes déreiglemens les traces de fa Mere, & l'autre fit voir que comme la mauuaife nourriture ne corrompt que trop fouuent les meilleurs naturels, de mefme vne bône nature perce quelquefois les mauuaifes educations : tout ainfi qu'vn lys pouffe fon tige droit, & fa fleur blanche à trauers des broffailles recourbées & noires. Les meres vertueufes ont fouuent des fils vicieux, parce que les garçons n'ont pas tant d'attention aux actions & à l'exemple de leurs Meres, & quant aux filles comme en la femblance du fexe,
aussi

aussi sont-elles pour l'ordinaire si conformes en humeurs à celles qui les esleuent, que cela a mis ce mot en Prouerbe,

La fille va selon sa race,
Et suit de sa Mere la trace.

Mais il en arriua icy tout au côtraire: car Hellade maternisant se porta de si bonne heure à la desbauche, qu'il eust peu dire auecque cette bonne beste chez Petrone, qu'il auoit de la peine à se souuenir de son honnesteté. Dafroze au contraire eut le bon-heur de rencontrer par la prouidence de Dieu, sous vne mauuaise

Mere, vne si bonne Gouuernante, que se tenant dans les termes du deuoir d'vne Princesse pleine d'honneur & de vertu, elle ne contracta aucune tache, ny aucun pli des deportemens de sa Mere, desquels elle auoit horreur en son ame: mais la reuerence maternelle, & sa ieunesse ne luy permettoient pas d'en témoigner des ressentimens. Or comme vn champ n'est jamais couuert de tant d'iuraye & de chardons, qu'il n'y ait tousiours par-ci, par-là quelques bónes herbes: de mesme en cette Cour, où les mœurs estoiét si peu reglées,
il y

il y auoit quelques ames qui eschapoient au rauage de cette dissolution. Entre lesquelles estoit vne tres-honneste & belle Damoiselle, appellée Nicette, qui née de fort bon lieu, ne démentoit en rien par ses actions la gloire de sa naissance. On l'auoit mise aupres de la Princesse, pour y estre esleuée selon son rang & sa qualité. En celle-ci comme conforme à son humeur, Dafrose prit vne entiere confiance, & comme elles auoient toutes deux vne forte inclination à à la vertu, elles s'escartoient tousiours de toutes les occa-

D 2 sions

sions qui pouuoient approcher de son contraire. Bien qu'Argée n'en fist pas tant de profession qu'il eust esté bien-seant à vne Princesse de sa condition, si est-ce qu'elle estoit extrémement aise de voir que sa fille print ce parti : car la Vertu a je ne sçay quel rayon de noblesse & de gloire sur le front, qui fait que ceux-là mesme qui ne la suiuét pas, ne laissent de l'aimer, & sont contraints de l'admirer. Et puis il n'est point de Mary si licentieux, ni de Mere si libertine, qui n'ait tousiours plus de soin de la conscience de sa femme, me, & de sa fille, que de la sienne propre; telle est la charité des personnes les plus desbauchées. Au contraire elle estoit en peine de voir que le Prince son fils qui deuoit vn jour gouuerner l'Estat, se portoit à des actions moins honnorables, & à des libertinages qui ne promettoiét rien de bon. Mais d'autre part elle ne l'en osoit non pas chastier, mais seulement reprendre auec la libre seuerité d'vne Mere qui ne craint rien, sçachant que voulant luy oster vne paille de l'œil, elle se verroit reprocher la poutre qui offusquoit le sien.

En quoy nous aprendrons que qui veut corriger autruy, doit se rendre soy-mesme exempt de reproche. Plusieurs jeunes Seigneurs & Gentils-hommes estoient à la suitte de ce jeune Prince, entre lesquels il y en auoit vn qui auoit esté nourry Page de sa chambre, auquel par vne certaine reuerence qu'il portoit à sa vertu, il auoit vne inclination particuliere: cettuy-ci est cét Aristandre, dont le nom donne le tiltre, & la bonté donne le sujet à cette Narration. Estant sorti de Page, il fut fait Escuyer du Prince, & comme il estoit fort

fort bon homme de cheual, & le Prince se plaisoit à cét exercice, il se maintenoit par là en la bien-vueillance de son Maistre, qui d'autre part auoit des mœurs que cestuy-ci n'osoit desaprouuer ouuertement, mais aussi qu'il n'approuuoit aucunemét en son ame. Toutesfois comme il estoit sage & fort discret, sçachant qu'il faut souhaitter d'auoir vn bón Prince: mais que tel qu'il est, non seulement il le faut souffrir, mais encore aimer, il aimoit veritablement le sien, sans affectionner pourtant les imperfections qui estoient en luy si visibles, bien esloigné de l'humeur si commune aux Courtisans, qui pensent faire par deuoir, ce qu'ils font par exemple, prompts à imiter leurs Princes en leurs deffauts: que s'ils les suiuent en la vertu, c'est bien souuét par hypocrisie. A monter à cheual, à courre la bague, aux jeux où l'exercice estoit loüable, & où le prix est en l'habilité, à la chasse, mesmes à la dance, és bals de magnificence & d'apparat, aux tournois, aux lices, aux conuersations honnestes, il estoit tousiours des premiers aupres de son Maistre, mesnageant

geant si iudicieusement les faueurs qu'il en receuoit, qu'éuitant le tiltre d'importun enuers luy, il receuoit des liberalitez plus souuent qu'il ne les demandoit, & sans en faire vne insolente parade, il se desroboit autát qu'il pouuoit à l'enuie de ses égaux. Si Hellade consideroit sa vertu, il le craignoit plus qu'il ne l'aimoit, mais quand il venoit à penser que ce n'estoit point vne vertu reprenante, melancolique, superbe, & rechignée, il l'aimoit plus qu'il ne le craignoit. Car Aristandre sçachant qu'il n'estoit pas assez auctorisé pour le corriger, & qu'il ne deuoit pas entreprendre de remonstrer à celuy auquel il deuoit toute soumission, & duquel il eust plustost caché que publié les deffauts, ne se voyant obligé de l'instruire que par son exemple, se comportoit en toutes ses actions auecque tant de discretion, d'humilité, & de modestie, que le cœur d'Héllade estoit doucement forcé de luy vouloir du bien, luy promettant de procurer son auancement en toutes les occasions qui se presenteroient pour esleuer sa fortune. Il n'estoit ny ennemy ni sectateur des voluptez

luptez de son Maistre : mais s'en approchant comme du feu, ni trop pres ni trop loin, il gardoit vn certain milieu qui rendoit sa conduitte si temperée, tesmoignant au reste vne humeur si attrempée & si égale, que sans s'enfler des faueurs, & sans s'abbatre pour les legeres disgraces, il menoit vn train de vie qui luy promettoit vne heureuse issuë de sa conduite. Il en vit tomber plusieurs qui s'estoient esleuez au dessus de luy par des voyes complaisantes aux libertez du Prince, mais côme elles n'estoient pas justes, leur durée
D 6 aussi

aussi n'estoit pas lõgue. Ceux qui suiuent la Iustice, cheminent par des routes plus droittes & moins scabreuses, & ne sont pas subjets à de si lourdes cheutes, sinon quand la fortune ennemie jurée de la vertu,

Entreprend à toute outrance
De trauerser l'innocence.

Tout ainsi que les freslons & les guespes se r'amassent autour des charoignes, & les abeilles se recueillent par essaims dedans leurs ruches, pour voler en compagnie sur le païsage à la picorée des fleurs. Et de mesme que les aigles & les autres oyseaux de de proye s'vniffent pour faire leur chaffe, & les douces Colombes auffi pour la conferuation de leur amour: de mefme les vicieux & les diffolus se mettent en troupe pour exercer leurs paffions auec plus de libertinage, tandis que les vertueux s'entrecherchent pour s'entr'appuyer au penible chemin de la vertu. Car il eft naturel à chafque chofe de chercher fon femblable, felon la maxime qui dit, que ce qui fe reffemble s'affemble. Il n'eft pas iufques à celles qui font priuées de fentiment que cette inclinatió ne s'eftende,

l'air

l'air reclus dans les entrailles de la terre, bouleuersera plustoft les montagnes qu'il ne reprenne son lieu naturel. La pierre tend en bas vers la terre qui est son centre, les eaux par ce mouuement sont portées en la mer, & le feu par vne continuelle agitation tend tousiours vers sa sphere. Le poids des choses raisonnables, dit S. Augustin, c'est l'amour, ou plustoft c'est l'aisle de l'ame, & ce qui la transporte par tout où elle met son affection. Aristandre voyant reluire la pratique de la vertu en ce quartier du Palais où habitoit la Prin

Princesse Dafroze, y court comme le papillon au flambeau, comme le fer à l'aymant, comme l'abeille à la fleur ou au miel, & comme les colombes au salpestre ou à la paste salée. Car la vertu a ses attraits pour les gentils courages, d'autant moins euitables qu'ils sont plus solides & puissans. Et comme il estoit extrémemét ciuil, mais sans affecterie; modeste, mais sans dissimulation, il ne luy fallut point d'autre lettre de creance que son honnesteté, pour luy en faciliter l'entrée. Il estoit si reserué, si respectueux, si discret, & d'vne
con

conuersation si douce & si pleine d'attraits, principalement parmi les Dames, que quád elles eussent eu le cœur d'vn rocher, il les eust renduës susceptibles de ses impressions, qui toutes n'auoiét rien que d'honneste. La Princesse qui aimoit veritablement la vertu par tout où elle en voyoit reluire les rayons, affectionna aussi-tost ce Gentil-homme, mais l'affectionna selon les loix de l'honneur, & de la bien-seance de sa condition, n'abbaissant pas ses yeux sur luy, comme sur vn object auquel elle deust arrester ses pensées,
mais

mais comme sur vn seruiteur de sa maison, & l'vn des fideles officiers de la maison du Prince son frere. Aussi sçauoit-elle bien mesnager ses regards & ses parolles auecque tant de majesté, que cóme sa douceur tesmoignoit la bonté de son courage en son affabilité, sa graue seuerité sçauoit luy conseruer le rang & la preeminence, qui estoient deus à sa naissance & à sa qualité. C'est ce me semble ainsi que se doiuent conduire les Grands, ne faisant point d'actions abiectes, & ne se demettant point à des priuautez & familiaritez

auecque leurs subjets & domestiques, qui démentent leur éleuation : & aussi ne se comportans pas auecque tāt d'arrogance, qu'on ne les oze aborder non plus que des diuinitez, lesquelles, comme dit le sacré texte, n'ont aucune priuée cōuersation auecque les mortels. Aussi Aristandre ne haussa-t'il jamais les yeux vers elle, que comme on les esleue vers le Soleil, afin de iouïr en passāt de la beauté de sa lumiere pour y arrester longuement la veuë, de peur de deuenir aueugle pour vouloir trop voir. Mais tout ainsi que l'on
se

se sert de la splendeur de cét Astre pour voir toutes les autres choses, dont la varieté rend si belle la nature: de mesme sous les aisles de la faueur de la Princesse qui le voyoit de bon œil, il peut estendre sa veuë sur plusieurs belles fleurs qui estoiét autour d'elle, comme celles que nous voyons dans vn parterre autour d'vn grand Heliotrope. Entre lesquelles ayant plus particulierement ietté ses regards sur celle qui estoit tenuë pour sa fauorite, & pour laquelle il auoit sceu que son maistre souffroit de grandes passions, il fut tellement

lement esbloüi de cét éclat qu'il en perdit la connoissance & le souuenir de ce qu'il estoit. Ce doux venin qui se glisse insensiblement dans le cœur par les yeux, & dont les effects semblables à ceux de la foudre, reduisent en poudre l'interieur, sans aucune marque exterieure, se coula dedans celuy d'Aristandre, qui se treuua aussitost pris qu'il eust veu. Il flatta au commencement son imagination, la repaissant de ce bel object, tout de mesme que celuy qui gratte vn vlcere naissant, & qui sans y penser l'aggrandit & l'enuenime.

nime. Il ne pouuoit qu'il n'approuuaſt en ſon ame le chois de la Princeſſe, & qu'il ne loüaſt la bonté de ſon iugement en l'election de ce ſujet, où elle auoit logé ſes affections & ſa confiance : & qu'il n'excuſaſt en quelque façon la paſſion du Prince, eſtimant que l'amour eſtoit vn effect neceſſaire en vne ſi belle cauſe, & qu'il falloit, ou n'auoir point d'yeux pour ne les arreſter en ſi bon lieu, ou point de cœur, pour n'aimer point Nicette apres l'auoir veuë. Mais quand il venoit à conſiderer, que ſon Maiſtre auoit deſia perdu la veuë par cét

cét object, & que ce n'estoit pas à luy de porter son courage à vn si haut dessein: que si Hellade s'apperçoit tant soit peu qu'il la regarde, ou qu'il l'entretiéne de discours, il est perdu, sa fortune ruinée, il n'aura plus pour luy, ni de connoissance, ni d'amitié. Cela met bien de l'eau dedans son vin, & diminuë beaucoup de l'ardeur du premier mouuement qui l'emporte. D'autre part venant à penser, que le Prince ne visant point à vne fin honneste, cette simple Damoiselle n'estant pas vn sujet qui le deust faire resoudre à terminer

ner sa passion en vn legitime mariage, ses efforts, disoit-il, seront des vagues contre vn rocher : car cette fille a trop d'hōneur, & est en trop bōne main, & en vne escole trop vertueuse pour admettre iamais le Prince à ses embrassemens, que par la porte de l'Eglise, c'est à dire des nopces, nopces qui ne seront jamais souffertes, ni par Argée, ni par l'Estat. Car les loix d'Allemaigne sont infiniment seueres contre ceux qui s'oublient en leurs alliances: si bien que les enfans nés d'vne couche dissemblable, ne succedent point aux fiefs

fiefs de l'Empire, les Princes Souuerains n'eſtant pas meſme exempts de la rigueur de ce ſtatut Imperial. Cecy releue les eſperances abbatues de noſtre Gentil-homme. Mais que ne peut l'amour ſur vn gétil courage? Il ſe reſoult de reſſembler au charbon qui eſt ſous la cendre, qui ſe bruſle & ſe conſume ſans bruit:& non pas au laurier qui craquette & qui crie eſtant accueilli de la flamme : & ſelon l'iſſuë qu'auroit la paſſion de ſon Maiſtre ſe conduire en la ſienne, meſnageant ſi bien ſon temps que ſans s'engager il ſe donneroit

sance aux superieurs, c'est à dire de leurs communs Parens, & de leurs Souuerains. Condition qui sembloit impossible du costé d'Hellade, mais tres-aisée du costé de Dafroze, qui en auoit desia comme d'elle mesme parlé à Nicette, pour faire par ce mariage que le Prince son frere perdist la fantasie de sa recherche auecque l'esperance de la posseder, estant entre les mains d'vn homme si jaloux de l'honneur, qu'il n'eust pas voulu en engager vn seul poinct pour tous les Roys de la terre. Nos Amans se separent ainsi sur les assu-
ran

Pagination incorrecte — date incorrecte

NF Z 43-120-12

rances de leurs bonnes volontez reciproques, & sur les promesses que fit Aristandre à Nicette, & elle à luy, de tenir cette bien-vueillance secrette, & qu'au cas qu'il fallust par la fuitte euiter la violence d'Hellade, ils ne se quitteroient point, mais iroient ensemble iusques aux extremitez de la terre. Voyla nostre Escuyer deuenu heureux en vn moment, mais beaucoup plus heureux, quád outre toute apparence & contre son esperance, il se verra en possessiõ de sa Maistresse, par vn Mariage fait au Ciel, & auoué de toute la Terre.

Terre. Car Nicette ayant fait entendre à la Princesse, dōt elle estoit fauorite, qu'il falloit qu'elle la quittast, & qu'elle pensast à sa retraitte à cause des importunes poursuittes d'Hellade, qui se laissoit presque entédre tout haut, qu'autant pour se vanger de ses mespris, que pour l'amour de ses beautez, il entreprendroit des choses qui la ruineroient d'honneur. Dafroze qui eust aussi tost consenti de se voir priuer de ses yeux, que de cette fille qu'elle aimoit vniquement, creut qu'il ne falloit plus differer de parler du mariage

d'Ari

d'Aristandre, en quoy elle auoit esté preuenuë par Nicette, ainsi que vous venez de voir. O Dieu Madame! luy dit cette accorte fille, voulez-vous mener à la mort ce pauure Gentil-homme, duquel vostre frere a bien eu le courage de se vouloir seruir, pour gaigner quelque chose sur le mien? Mais ie vous asseure qu'il s'y est porté auecque tant d'honneur & de prudence, qu'il a fait ce qu'vne personne bien née doit faire, fermant mes oreilles aux enchantemens de ce trompeur, qui ne couue que des trahisons sous le beau
nom

nom de Mariage. Si vne fois on parle de me donner à Ariſtandre, il croira que ce Cheualier ait parlé pour ſoy-meſme, au lieu de s'entremettre pour luy, ce qui ſeroit cauſe non de la ruine de ſa fortune ſeulement, mais de la perte de ſa vie. Ma chere amie reprit la Princeſſe, il y a remede à tout cela, c'eſt que i'en auertiray Madame ma Mere. Mon frere n'eſt point encore en vn âge qui luy donne vn pouuoir ſi abſolu, & qui le diſpenſe d'obeïr à Argée qu'il craint merueilleuſement, quand elle ſçaura ſes penſées de mariage ſi deſraisonnables & ruineuses pour luy, & malheureuses pour vous, à cause des loix de la Germanie, je m'asseure que pour luy leuer ces idées du cerueau, elle ne treuuera point de meilleur moyen que de vous marier, & si Aristandre vous est agreable, comme il me semble vous estre tres-propre, je feray en sorte que ma Mere le commandera absolument à ce Gentil-homme, que j'estime comme d'vn conseil venant de moy, qui me promet mesme de faire tant enuers mon frere, par de belles parolles qu'il y prestera son consentement.

tement. Madame, reprit Nicette, je suis vostre creature, vous pouuez disposer entierement de moy & de mes volontez, comme d'vne boule de cire, que vous auriez entre vos mains pour luy donner telle forme qu'il vous plairoit. Ie n'ay point d'autre appuy que vous, vous estes mon vnique Maistresse, je ne voy que par vos yeux, je ne respire que par vous, & ne vy que de vos bien-faits, faittes de moy comme d'vne chose qui est à vous, je remets ma vie, mon bien, mon honneur & ma fortune entre vos mains. Dafroze desireuse d'attacher cette creature aupres de foy, & à la vie & à la mort, pensa que si son frere chassoit ou disgracioit Aristandre, elle le retireroit chez soy, & luy donneroit quelque office en sa maison, & ne laisseroit pour quelque opposition qu'y fist Hellade, de luy faire espouser Nicette. Pour arriuer à bout de tout cela elle parle à sa Mere, laquelle ayant veu assez souuent Aristandre, & auprès de son Fils & chez la Princesse, l'auoit treuué homme de bonne mine, discret, & concientieux, ce qui auoit esté cause qu'elle auoit jusqu'alors qu'alors moins arresté ses yeux sur sa gentille façon: car les vertueux portent sur leur front je ne sçai quoy de redoutable à ceux qui sont sujets à la tyrannie du vice. Mais elle dõna tout aussi-tost son consentement à ces nopces, quád elle sceut les extremitez où la passion auoit reduit Hellade. Si bié que pour diuertir entieremét ces pensées de mariage, qui pouuoient mettre tout l'Estat en combustion, elle jugea necessaire l'expedient que luy proposoit sa fille, expediant qui demandoit vne prompte execution. Elle fait venir son

I 5 fils

fils, auquel apres auoir fait vne assez aspre reprimande en luy faisant voir les malheurs où sa passion l'alloit precipiter s'il continuoit en ses façons de faire, & s'il apportoit de la violence autour d'vne fille de la naissãce & de la qualité de Nicette, quelle honte il vouloit apporter à sa race, quelle tache à son sang en pensant à vne alliance si disproportionnée en la poursuitte de laquelle il auroit, elle, son Estat, & toutes les loix Imperiales pour contraires; outre le tesmoignage de lascheté, & de bassesse de courage, qu'il donneroit aux Princes

Princes ses voysins. Ce qu'ayant accompagné de reproches meslées de larmes, que les femmes sçauent employer comme il leur plaist. Ce jeune Prince honteux de se voir descouuert en vne menée qu'il pensoit estre fort secrette: apres auoir nié au commencement, se voyant conuaincu par ses lettres, & accusé par sa Sœur, qui auoit esté spectatrice de ses deportemens, il se jetta aux excuses, reconnut sa faute, en demanda pardon, & promit de faire tous ses efforts pour arracher de son esprit cette passion qui s'y
estoit

estoit renduë si forte. La Mere l'ayant reduit à ce poinct pour battre le fer tandis qu'il estoit mol, luy proposa qu'elle vouloit marier cette fille auec vn de ses Domestiques, & luy nomma aussi-tost Aristandre, comme vn Gentilhomme dont sa Sœur auoit reconnu la vertu, & qu'elle desiroit donner pour mary à cette Damoiselle qu'elle aimoit. Le trouble où se treuua lors Hellade, & les protestations de repentance & d'obeissance qu'il venoit de faire, l'empescherent de contredire à cette alliance, au contraire pour tesmoigner le desir

sir qu'il auoit de plaire à sa Mere il y consentit, & mesme il ne fit aucune reflexion sur ce qu'il auoit entremis ce Gentil-homme en cette recherche, qu'au lieu de moyenner pour luy, il auroit peut-estre parlé pour soy-mesme. Mais il ne fust pas si tost de retour en sa chambre, que sa passion comme ces torrêts, ou comme ces tourbillons qui arrachét, entrainent, & saccagent tout ce qui s'oppose à leur fureur, bouleuersant & son esprit, & ses promesses, firent en luy vn rauage tel, que le desespoir le peut produire en vne ame misera miserable. Pour faire vn crayon de ses regrets, mettons-luy en la bouche ces parolles d'vne de nos plus excellentes Muses:

Donc cette merueille des Cieux,
  Parce qu'elle est chere à mes
    yeux,
  En sera tousiours separée,
  Et mon impatiente ardeur
  Par tant de larmes declarée
  N'obtiendra iamais sa faueur.
Mes souspirs ne seruent de rien,
  Les miens ennemis de mon
    bien
  Ne veulent que je la pourchasse,
  Et semble que les rechercher,
    Qu'ils

Qu'ils me permettent cette grace
Les inuite à me l'empefcher.
Mais quoy? ces loix dont la rigueur,
Tiennent mes fouhaits en langueur,
Regnent auec vn tel Empire,
Que fi le Ciel ne les diffout,
Pour pouuoir ce que ie defire,
C'eft bien peu que de pouuoir tout.

Las de battre l'air de fes plaintes, & voulant vn object plus folide pour arrefter le cours de fon deplaifir, il fait venir Ariftadre, auquel ayát raconté les reprimendes que fa Mere luy venoit de faire, &
les

les promesses qu'elle auoit arrachées plustost de sa bouche que de son cœur de ne penser plus à cette recherche, & la proposition qu'elle luy auoit faitte par l'auis de sa Sœur, du Mariage de Nicette auecque luy. Tu vois, luy dit-il, ô Aristandre, qu'on te veut rendre non seulement depositaire, mais possesseur d'vn tresor que j'estime plus que toute ma Souueraineté. Ie t'ay tousiours reconnu si sage, si fidele, & si discret que je ne puis me persuader que tu eusses voulu cōmettre vne telle trahison enuers tō Prince, que de
par

parler pour toy en vne affaire qu'il t'auoit cõmife pour la traitter pour luy: car fi cela eftoit, il n'y auroit point affez de rouës, de glaiues, & de feux au monde, pour punir vne telle perfidie. Mais je voy bien que ce font des inuentions de ma Sœur, qui cruelle à fon propre fang s'eft toufiours oppofée à mõ contentement, & à l'vnique bien de ma vie. Encor s'il n'y auoit qu'elle qui me fuft contraire, je pafferois facilement fur fes oppofitiõs: mais i'ay de plus ma Mere, qu'elle m'a attirée fur les bras, & ma Mere tout l'Eftat, & je ne ne dis pas seulement l'Estat, où je cõmande comme Souuerain : mais celuy de tout l'Empire d'Allemagne, dont les loix me desesperent pour le regard du Mariage.

Encore seulement si mon ame embrasée
Du desir d'acquerir cette riche toison,
Eust eu la seule peine à mes vœux opposée,
Affin que de ce monstre elle fust le Iason.
Mais il est arriué qu'vn pouuoir inuincible,
A tellement changé l'heur auquel i'esperois,
Qu'au lieu de difficile il le rend

Livre I.

rend impossible,
Perdant & mes souspirs &
mon temps à la fois.

Desormais donc ô Aristandre, si je consens à ton alliance auec elle tu possederas le remede de ma vie ou la cause de ma mort, je connoistray las! si tu as quelque soin de ton Prince, & quelque desir de sa conseruation : car comme il sera en toy de me rendre heureux, il sera en moy de reconnoistre cette grace par toutes les grandeurs que tu pourrois souhaitter en cét Estat. Tandis qu'Hellade parloit de la sorte, Aristandre sentoit en son ame

ame les plus horribles conuulsions qui se puissent experimenter, car d'vn costé craignant d'auoir esté non pas trahi (car il ne pouuoit croire cette desloyauté d'vne personne si perfaitte) mais innocemment accusé par Nicette à Dafroze, & par Dafroze à Argée, & par Argée à Hellade de ce qu'il auoit traitté pour soy auecque cette fille, dont l'âge & le sexe excuseroient tousiours la fragilité, & la fragilité la legereté, il ne sçauoit s'il deuoit se jetter aux pieds du Prince, pour luy auouër sõ crime, & en obtenir pardon en la bonne

ne dispositiõ où il le voyoit: d'autre part l'amour de son Maistre, celle de sa Maistresse, & de son propre honneur, luy liuroiét vne cruelle guerre: car il eust bien mieux aimé ne posseder iamais Nicette, que d'en faire la conqueste auecque l'infamie dõt le Prince vouloit accompagner son triomphe: aussi se fust-il plustost resolu de la tuer, & de mourir soy-mesme, que de la sacrifier aux brutales passions d'vn homme, qui comme vn bourreau ne le flattoit que pour l'exterminer, sinon de la vie au moins de l'honneur, qui luy
estoit

estoit plus cher. Comme il estoit en ces angoisses il arriua heureusement pour luy, que la Princesse Dafroze vint au quartier du Prince pour luy parler du mesme sujet dont Argée le venoit d'entretenir. Cette Aurore dissipa les tenebres de la confusion d'Aristandre & redonnant la serenité à l'esprit du Prince, par des paroles emmiellées dittes à vn homme que l'on veut doucement & hōnorablemét deceuoir, mit Aristādre au plein jour de sa gloire, & au dernier point de sa felicité. La Princesse sceut si bien par ses doux artifices,

par

par ses pleurs, & par ses prieres meslées tousiours de quelque mot qui flattoit la passion de ce Prince, de ie ne sçai quelle esperance, qu'en fin pour n'estédre point dauantage leur pourparlé elle le fit consentir à ces nopces, dont le funeste & noir flambeau mit en cendre les cœurs & la reputation de la Mere & du fils. Estant resoluës elles se preparent auec vn appareil magnifique, Dafroze y voulant faire paroistre sa fauorite & le Prince voulant obliger Aristandre à fauoriser sa passion, qui ne peut plus desormais estre appellée
qu'il

qu'illegitime & infame. Ie ne veux point abuser ici de la patiéce du Lecteur, ni de mõ loisir pour descrire les põpes, les tournois, les festins, les dances, les Comedies, & les balets qui se firent à cette feste, c'est le sujet de l'employ d'vne autre plume que la mienne, qui doit plustost estre employée à detester ces vanitez que desployée pour les descrire. Seulement ie diray ce mot, qui sert presque de fondement necessaire à tous les malheurs qui vont suiure en cette Histoire, que Dafroze ayant plustost chargé que couuert de pierrerie, sa sa chere Nicette, & l'ayant reuestuë des plus riches & precieux ornemens, dont vne Princesse puisse parer vne personne qu'elle fauorise, & qu'elle veut honnorer ; la naturelle beauté rehaussée de tant d'industries la fit paroistre entre toutes les Dames de la Cour, comme vn Croissant qui accomplit sa rondeur parmi les moindres feux que l'obscurité de la nuict allume dedans le Ciel. Cela mit tant d'huille dedans le feu qui deuoroit le sang du pauure Hellade, que non contant de tesmoigner son rauissement par ses parolles, il fut sur les termes d'en venir aux effects, & de rauir celle qui le rauiſſoit. Mais outre qu'Ariſtandre en ayant donné auis à Argée, & à Dafroze, qui firẽt doubler les gardes, le Prince treuua peu de gens de ſon humeur, pour faire vne telle entrepriſe au milieu d'vne telle aſſemblée. Vn Poëte ſeulement pour flatter ſa paſſion fit ces vers, qui ſe reſpandirent par la compagnie durant le grand bal.

Tant de perfections arment de leurs attraits
L'objet qui m'a choiſi pour butte de ſes traicts,
Que ſi i'en racontois les graces

ces moins aimables:
Ceux que iamais leurs yeux
 n'ont soumis au danger
D'estre bleçez des siens, me
 croiroient mensonger,
Mes discours bien que vrays
 n'estāt pas vraysemblables.
Telle que la pensee ou les vœux
 du desir
Peindroient vne beauté qu'ils
 feindroient à plaisir,
Telle est cette merueille où tant
 de grace abonde:
Sur elle les Cieux ont versé
 tous leurs tresors,
La vertu luy sert d'ame & la
 beauté de corps,
Et toutes deux d'vn rēt qui
 surprend tout le monde.

Aristandre,
En fin c'est un miracle apparu
  de nos iours,
 Et celuy qui raui du son de ses
  discours,
 Oit & voit tout ensemble vne
  telle merueille,
 Douteux de ce que plus il y
  faut admirer,
 Ne sçait lequel des deux il de-
  uroit desirer,
 De se voir deuenir tout œil, ou
  tout oreille.
Quelque part qu'elle arriue il
  semble qu'à l'instant
 Toute autre beauté meure, ou
  bien qu'elle aille ostant
 Aux autres leur beauté pour
  accroistre la sienne,
 Encor qu'il n'en soit point
    qu'on

qu'on ne vist abismer
En la sienne infinie, ainsi qu'en
une mer,
Que n'augmente aucune onde
ou fleuue qui suruienne.
Et bien est-ce une mer de graces
sans pitié,
Que ses perfections d'où naist
mon amitié:
Mais sur qui nul espoir pour
fanal ne m'éclaire,
Vne mer perilleuse où s'est
noyé mon cœur,
Vne mer dont les flots sont ar-
mez de rigueur,
Et dont tant plus on gouste,
& tant plus on s'altere.
Mais i'exprimerois mal sa gloire
par mes vers,
Quand

Aristandre,
Quand bien dessus le front de
　mille escrits diuers
Ie ferois voir ma flamme, &
　sa beauté pourtraitte,
Et monstrerois plustost en
　fraudant mes trauaux,
Combien mon stile est foible
　& taché de defauts,
Que ie ne ferois voir combien
　elle est parfaitte.
Le Soleil dont la flamme éclaire
　dans les Cieux,
Ne voit rien de pareil en ces
　terrestres lieux:
Priuez sont les climats dont
　la terre se vante,
D'oyseau qui à ses rais merite
　de brusler,
De quelqu'autre sujet qui la
　　puisse

puisse égaler,
Et de sçauante voix qui di-
gnement la chante.

Cette poësie courut par les mains de plusieurs qui iugerent aussi-tost du sujet qui l'auoit fait éclorre : car les actions des Princes, comme celles des theatres, sont à la veuë de tant de gens qu'il est malaisé que leurs passions soient secrettes. Les enuieux de la bonne fortune d'Aristandre, se desgorgeans en mesdisances, murmuroient tout bas, que l'vn estoit l'Espoux d'apparence, & que l'autre le seroit d'effect. Mais nostre Escuyer estoit trop plein

plein d'honneur & de courage, & Nicette trop sage, pour admettre de si lasches pensées, le deméti en demeurera à toutes ces vilaines bouches qui parlét de l'iniquité contre le juste. Et les malheureuses attentes d'Hellade seront frustrées, bien qu'auec vn tragique succés de nos Amans. Car pour venir au poinct qui les porta dans vn abisme de malheurs, tout ainsi que les beautez ornées de Nicette, esblouïrent tout à fait le jugement du Prince, Aristandre s'estant de son costé paré comme vn Courtisan qui veut paroistre au milieu de toute

toute vne Cour, au jour de ses nopces, outre la bonne grace qu'il auoit de nature, releua de tant d'art cét auantage, & outre cela parut dans les tournois & le bal, auec tant de lustre, & rendit tant de tesmoignages de son addresse & de sa gentilesse, qu'Argée qui estoit de naphte à semblables flambeaux, se vid en vn instant toute en feu pour ce Gentilhomme. Elle s'estonnoit de l'auoir veu tant de fois auparauant sans le considerer, & croyant n'auoir eu des yeux que iusqu'alors qu'elle perdit le iugement, elle accusoit sa stupidité passée pour flatter sa passiõ presente. Pauure qu'elle est, qui croit n'auoir esté clair-voyante, que depuis qu'elle est deuenuë aueugle, & qui pense auoir esté aueugle auant que sa passion l'aueuglast! Mais ce sont des traicts ordinaires à ce mouuement furieux, qui enleue l'esprit de son siege, & qui luy leue la raison.

ARISTANDRE.

LIVRE II.

TANDIS que nos Amans, par vn heureux & sainct Mariage, pensent estre arriuez au comble de leur felicité; la fortune marastre de la vertu, & sa capitale ennemie, ne les auoit esleuez au haut de sa rouë, que pour leur faire prendre vn saut plus signalé, car incontinent apres (comme les vices sont precipitez en leurs courses) l'vn & l'autre se voyent, dirois-je, poursuiuis ou persecutez des impudiques & impudentes recherches qui du Fils, qui de la Mere, auecque non moins d'ardeur que d'importunité. O Hellade ce seroit bien maintenant à ton tour de faire des remonstrances à ta Mere, en luy faisant voir quelle hôte par sa des-honnesteté elle attire sur ta teste, & sur la sienne, que ce qui est souffert en ton aage est insuportable au sien, que ce qui est moins des-hónorable en toy ne peut aucunement estre pardóné à só sexe. Mais outre

outre que la reuerence maternelle t'en empefche, tu ne penfes qu'à contenter ta fale paffiõ, bien aife au contraire que ta mere foit allumée du mefme brádon qui t'embrafe, affin qu'elle n'ofe plus te reprendre d'vne chofe en laquelle elle eft beaucoup plus reprehenfible que toy. Aurois-je biẽ d'affez noire ancre pour marquer deformais les abominables deffeins de ces deux ouuriers d'iniquité, pour venir à bout de leurs malheureufes pretéfions? Argée qui outre la beauté qui ne l'auoit point encore laiffée, eftoit Souueraine en la façon

façon absoluë que nous auõs ici deuant representée, & qui auecque ces deux qualitez, dont vne est capable de faire rendre les armes aux hommes les plus continens, n'auoit iamais treuué aucune resistance en l'ame d'aucun de ses Courtisans, qui s'entretenoient au cõtraire, pressez de ialousie, ou de l'enuie d'auoir part en ses bonnes graces. Ayant fait parler à Aristandre de sa passion par vne de ses confidentes, ce Gentil-homme ne fut pas moins estonné de se voir poursuiui par la Mere, qu'en peine de deffendre l'honneur de

sa nouuelle femme des entreprises du fils. Son deuoir l'oblige de ne celer rien à sa partie, qui n'en fut pas assaillie de moindre estonnemét, & qui en auertit aussi-tost sa vertueuse Maistresse (car Dafroze l'auoit retenuë en son seruice nonobstant son mariage) mais qu'y eust fait cette sage Princesse, sinon souspirer, & se plaindre du scandale & du mauuais exemple que sa mere luy donnoit? Neantmoins estant asseurée par Nicette, de l'honnesteté d'Aristandre, elle creut que les artifices de sa Mere pour conquerir ce nouuel Amant,
seroient

seroient autant friuoles que ceux de son frere, pour la cóqueste de Nicette. Ie serois trop long si i'entreprenois de deduire les industries dont se seruit Argée pour conduire à son but son mauuais dessein: car comme elle estoit rusée & femme de grand esprit, mais qu'elle employoit mal, c'est merueille auec combien de subtilité elle l'applicquoit pour faire reüssir ses intentions. Et c'est grand cas que celle qui n'auoit esté qu'incóstance pour des sujets qui se rendoient à sa merci, aussi-tost que sa permission où son inclination
leur

leur faisoit cognoistre sa volonté, n'a treuué la fermeté que dedans l'opposition d'Aristandre, comme si elle eust tenu à honte de se voir dedaignée, ou à gloire de ranger tout sous son obeïssance, ou par la douceur de sa grace, ou par la force de son pouuoir. La peine de vaincre ce courage accroist son desir, la difficulté l'embraze, au lieu que la facilité des autres conquestes luy en émoussoit le desir, sa flamme estant semblable à ces feux artificiels qui bruslent depitément au milieu des eaux. Car au lieu de l'e-
steindre

steindre par le despit de se voir rejettée, c'est ce qui accroist sa passion comme le vent allume dauantage les grands feux.

Pour vne aisee entreprise,
  Et moins de peine apportant,
  Elle seroit moins esprise,
  Et ne brusleroit pas tant.

Aristandre de peur de l'aigrir, & d'attiser sa colere, & attirer sa vengeance, respondoit à ses mediatrices mille excuses, qui eussent esté capables de guerir vne ame qui eust eu quelque chose de sain, & qui eust donné quelque entrée aux ingrediens de la raison pour remedier à ses playes.

playes. Quoy? difoit-il, ne voyez-vous pas que pour la conferuation de l'honneur de ma femme je fuis tous les iours à la veille d'eftre difgracié de mõ Maiftre? Si outre cela il s'apperçoit tant foit peu que fa Mere abbaiffe les yeux fur moy, ou que i'ofe releuer les miens vers elle, n'aura-t'il pas jufte fujet de lancer fur moy plus de foudres & de tempeftes, que Iuppiter n'en darda contre les Geans? Il s'imagine que je luy ay raui fa Maiftreffe, car c'eft ainfi qu'il parle de mon mariage: & que fera-ce s'il croit que je poffede fa Mere?
Que

Que si ma consideration ne touche point Argée, veu qu'elle me peut autant releuer, cóme son fils me peut abaisser, encore qu'elle ne me peust pas rendre la vie, si le Prince me l'auoit ostée, qu'elle se cósidere elle-mesme, & qu'elle pése à son propre hóneur; à ce que le móde dira; à ce que pésera de moy Dafroze, qui m'a tousiours fauorisé de sa bien-vueillance, sur la creance qu'elle a euë que i'estois homme de bien. Ie laisse à part la foy coniugale, qui a vn grand ascendant sur vn esprit qui craint Dieu, & celuy qui a cette crainte

ne redoute pas les plus auto-
rizées puissances de la Terre.

Car quand attenteront les Prin-
ces sur ma vie,
La seule loy de Dieu me fera
frissonner,
Je pourray par la mort voir
celle-là rauie,
Mais non pas celle-ci mon
cœur abandonner.

Toutes ces excuses sem-
bloient friuoles à la passion
d'Argée, qui auparauant
qu'en venir aux menaces
pour obtenir par la peur ce
qu'elle desiroit auoir par l'a-
mour, & mesmes auant que
luy parler en personne, pour
conseruer la gloire de sa
gran

grandeur, sans considerer combien sont peu compatibles, la bien-vueillance & la Majesté, le fit tenter par toutes voyes amiables. Quant au Prince apres auoir prié, coniuré, importuné, pressé, menacé, remué toutes pierres enuers la femme & le mary, sans en rapporter autre esperance que de n'en point attendre ; L'vne disant qu'elle souffriroit plustost mille martyres, que d'offencer son honneur & la foy qu'elle deuoit à son espoux: l'autre qu'il sacrifieroit plustost sa femme à mille morts, deust-il se precipiter en mille

le supplices, que de souffrir qu'elle endurast aucune violence qui peust souïller sa reputation ; il congedia Aristandre de sa maison, minutant de faire enleuer Nicette, s'il la vouloit faire sortir de ses Estats, comme il l'auoit declaré. Icy accourut Argée, laquelle prenant cette occasion aux cheueux, receut chez elle le debris du naufrage de ce nouuel Ænée, & luy donnant vne charge de Maistre d'Hostel en sa maison, beaucoup plus esleuée que celle d'Escuyer qu'il auoit chez son fils, commença à le combler de tant
de

de bié-faicts, (qu'vn Ancien appelle les liens qui rendent les cœurs esclaues) qu'il ne peult sás vne secrette reproche d'ingratitude, luy desnier l'accomplissement de ses infames conuoitises. Aristandre qui se doutoit bié de ces pieges, s'excusoit autát qu'il pouuoit de s'engager en cette seruitude, disant qu'il ne treuuoit pas de seureté aupres du courroux de son Prince, qu'il vouloit quitter la Cour, pour viure contant à la campagne, auec sa chere compagne. Mais d'vn costé Dafroze qui ne vouloit aucunement cósentir q̃ Nicette se se retirast d'aupres d'elle, & beaucoup moins Argée qu'Aristandre quittast sa Cour, les flambeaux de l'amour estant bien plus ardās que ceux de l'amitié. De l'autre l'impossibilité d'eschaper de tant de lacqs tendus de toutes parts contraignit nostre Gentil-homme à se ranger au seruice public d'Argée, mais non pas au particulier qu'elle desiroit, auecque beaucoup plus de passion. Hellade en despite, & les éclairs de ses menaces ne menacent que foudres, qui ne peuuent fondre sans mettre en poudre l'innocét,

L ô pau

ô pauure Vertu, faut-il que tu gemisses ainsi foible & abandonnée sous la tyrannie du vice, qui te tient le pied sur la gorge? Et certes sans le respect de sa Mere, le Prince eust fait quelque esclandre, mais ce qu'il ne peut à camp ouuert, il croit l'executer par des mines artificieuses. Il a tout aussi peu d'accez aupres de Nicette, comme deuant son Mariage, car outre la vigilance de sa Sœur, qui a tousiours l'œil sur ses deportemens, & que Nicette ne pert jamais de veuë, elle est en la main d'vn Mary, qui bien qu'il ne soit point

point jaloux, sçait pourtant qu'il a vne femme, dont l'emerueillable beauté merite autant d'estre gardée que regardée, c'est qui le tuë. Tous les menus stratagemes dont il se peut auiser pour aborder cette creature, sont semblables à ces debiles vapeurs, aussi-tost éuanouyes qu'éleuées, c'est ce qui le met au desespoir, voyant qu'il n'auoit point de cordes qui ne rompissent à son arc. Voyons s'il reüssit mieux à la Mere de cét aueugle enfant, qui faisant durer son repas plus qu'à l'ordinaire, pour repaistre ses yeux de la bonne grace de son nouueau Maistre d'Hostel, humoit à longs traits le doux venin qui empoisonnoit son ame. Cela ne vous fait-il point souuenir de Ioseph, & de son impudique Maistresse, ou de cette Reyne de Carthage, picquée de l'amour du beau Troyen, de qui le grand Poëte a chanté,

La valeur de cét homme en tous lieux reconnuë,
Sa gloire & sa vertu aux astres paruenuë,
Sa figure, ses yeux, sa grace, sa douceur,
Sont bien profondement grauez dedans son cœur.

Elle

Elle auoit beau luy parler des yeux, & par tant d'autres signes, par où comme par autant de souspiraux, elle donnoit air à sa flamme, il les entendoit d'autant mieux, qu'il faisoit moins semblant de les entendre. Mais se tenant en vne modeste & sage reuerence, cette froideur qui faisoit naistre le desir, faisoit mourir l'esperance en cette miserable, qui apres auoir inutilement employé les cajolleries de ses confidentes, & les charmes de ses attraits muets, pour donner vn ordre aux desordres de sa pensée, & proceder enuers vn

sujet si reserué, par quelque espece de retenuë, auparauant qu'en venir aux paroles, & de là passer à la violence des effects; elle luy fit tõber entre les mains plusieurs lettres, qu'il n'oza refuser de voir (encore qu'il eust bien desiré ne souiller point ses yeux des serpens cachez sous ces fueilles) à cause du respect qu'il deuoit à la dignité de la personne, & parce qu'il desiroit la guerison de cette ame, il essaya de luy apporter du remede, par les mesmes moyens qu'elle employoit pour se blecer, pareil à ces Agneaux innocẽts, qui
se

se donnent à deuorer à ceux-là mesme qui leur mettent le cousteau dans la gorge. Et parce que ces lettres, dont la substance de quelques vnes m'est tōbée entre les mains, fut vne des meilleures remarques de cette Histoire, laissant à part les subtils, mais tousiours deshonnestes moyens dont elle se seruit pour les luy faire lire, j'aime mieux en produire en gros quelques eschantillons de part & d'autre, affin que l'antidote soit aupres de la ciguë, & que l'on y remarque vn cōbat admirable de l'hōnesteté contre l'incontinéce.

LETTRES D'ARgée à Aristandre.

I.

SI vous n'estiez suffisamment auerti de mes affections, & amplement informé de mes desirs, par celle à qui i'auois ouuert les replis de mon cœur, pour les déplier deuant vous, je suppléerois par cette plume au deffaut de sa langue. Mais puisque vous n'auez point d'oreilles pour entédre ces propositions, ny d'yeux pour connoistre en mes regards &

en

en mes geftes, ce qui eft des intentions de mon ame, que puis-je efperer de ce papier qui n'a rien d'animé que les traits d'vne main affez puiffante pour vous filer de bonnes ou de mauuaifes deftinées? Poffible que c'eft ma grandeur qui vous eftonne, Ariftandre, & qu'vne exceffiue crainte empefche en vous l'entrée de cette affection que j'y voudrois imprimer. A la verité c'eft vne chofe inouye, qu'vne Soueraine telle que ie fuis, fe rende ainfi à la difcretion de fon fubjet, & efpreuue les loix de la foumiffion de-

dans

dans l'Empire qu'elle possede, mais dequoy sert vne grandeur qui n'est pas contente, & à quoy est bon le bien que l'on possede en la priuation de celuy que l'on desire plus que tout autre bien? Si le bon-heur consistoit en l'eleuation, j'aurois occasion d'estre satisfaitte: Car la Souueraineté est le plus haut poinct où les hómes puissent hausser vne puissance absoluë. Mais tout cela ne me semble rien, si ie ne vous en fais part en la façon que je vous ay fait entendre. Que ne deuez-vous point à celle à qui vous de-

uez

uez tout, & qui a tout pouuoir sur vos biens & sur vostre vie? Ce qu'elle desire de vous est peu, au pris de ce qu'elle peut exiger: elle aura l'accomplissemēt de ses souhaits, si seulement elle a le bien d'estre de vous plus cherie qu'honorée, & traittée auecque plus de bienvueillance & moins de respect. Au moins qu'elle aille du pair auec vne qui tient à beaucoup d'honneur, d'estre seruante de celle à qui elle commande. Puisque je vous l'ay donnée en la façon que vous la desiriez, elle vous pourra bien prester en la

ma

maniere qu'il me plaira. Ne vous esbahissez-pas de m'entendre parler ainsi, car encore que ma naissance & ma condition me mettent au rang de ceux qui sont en terre, les images de la Diuinité, je suis neantmoins si infirme en mes passions, que i'ay beaucoup d'humanité. Choisissez, ou que ie descende de mon throsne pour m'vnir à vous, ou que ie vous y esleue pour vous égaler à moy : car l'amour esgale les Amans, & ou il naist entre les esgaux ou il les rend semblables. Ceux que leur bon destin fait entrer aux bonnés nes graces des Princes, ne font plus du commun des mortels, mais ils tiennent vne qualité de Heros, qui a quelque chose de diuin, & d'humain meslé ensemble. La bonne estime des Souuerains les fait passer en l'estime des peuples: car les Princes sont la regle de leurs vassaux. Ceux qui en sont aimez sont vertueux, innocens ceux qui leur plaisent, bons ceux qui leur complaisent. L'imitation du Prince est tousiours loüée, le suiure c'est faire son deuoir, mourir en le seruant, est vne grande gloire, & le plus honnorable

tom

tombeau que l'on puisse souhaitter. Ces raisons fondent (ainsi que le Soleil la neige) les froides excuses dont vous auez voulu payer celle qui vous a parlé par mon commandement : ne les continuez plus, si vous me voulez plaire, & si vous me voulez complaire, ce sera le comble de vostre bien.

II.

PVisque les graces ont mis le siege de leur Empire sur vostre front, & exercent de là sur celles qui vous regardent des yeux de l'affection

ction vne douce tyrannie; Pourquoy lors que ie vous considere, quand vous me seruez, baissez-vous les yeux contre la terre, ou les tournez-vous d'vn autre costé? Ils ne sont pas de couleur de terre : esleuez-les, ils ont plus de ressemblance à l'azur du Ciel, & au brillement de ses astres. Suis-je telle que je ne merite point d'estre attentiuement consideree, moy qui suis adorée de tant de gens, & à qui mon miroir ne dit point qu'il soit encor arriué par le malheur des ans aucun deschet à cette beauté qui m'a renduë si renommée?

mée? Mais il semble que ie vous vueille donner de l'amour, il me suffit que vous souffriez que ie vous aime, auoüant que vous voyant si agreable, mon cœur a suiui ma veuë, & mon admiration a esté entierement comblée de vostre merite. Voyez, Aristandre, à quoy vous me reduisez. Vous faittes la femme & ie fay l'homme, je me defmets de ma grandeur & vous n'osez releuer vostre courage, je vais à vous & vous ne daigneriez faire vn pas pour arriuer à moy. Quand i'arreste mes regards sur vous pour vous contempler plus

atten

attentiuement, & jouïr à loisir des delices que m'apporte voſtre preſence, vous perdez la contenance, & ſi vous pouuiez auoir le don d'inuiſibilité, vous-vous cacheriez à vos propres yeux. O que vous eſtes ennemi de voſtre bon-heur! Chacun eſt artiſan de ſa fortune, le voulez-vous eſtre de voſtre diſgrace? Penſez-vous que je n'aye pas aſſez d'inuentions pour vous enleuer, aſſez de force pour vous contraindre à m'obeïr, aſſez de puiſſance pour vous perdre? Ie vous dirois volontiers, ayez pitié de moy, ſi je n'auois plus de pitié de vous meſme.

mesme. N'ay-je pas assez de raisons pour vous posseder, toutes auantageuses pour vous, & necessaires pour moy? N'estes-vous pas à moy par plusieurs tiltres? & quelle justice me peut rauir ce droit si commun à tous, de reprendre le mien où ie le treuue? Et toutesfois par vn excez de courtoisie vous pouuant posseder comme estant à moy, je vous permets de me posseder comme estant à vous. Ie vous puis bien saisir, mais ie craindrois de vous auoir sans vous mesme: & qu'est-ce qu'vn corps qui n'a point d'ame ny de cœur, sinon

sinon vn Endimion endormi aupres de la Lune? Si vous estiez aussi genereux que l'on vous estime, de quelle vanité ne seriez-vous saisi en lisant cette lettre? Ouy, car qui des plus grands de la Terre se peut vanter d'auoir jamais veu de semblables marques de ma main, que je l'aye jamais courtizé, ny que i'aye mis aucune peine à meriter sa bienvueillance? Seruez-vous de cét auantage, Aristandre, & vous resoluez de me fauoriser, autrement vous cōuertiriez ma patience en fureur, ma discretion en sottise, & mon amour en
vne

vne haine mortelle, si bien que vous forgeriez vous-mesmes par vostre obstinatiõ le carreau qui ne pourroit éclatter que sur vostre teste.

III.

IE voy bien, Aristádre, que vous estes tellement noyé dans les delices de vostre nouueau mariage, que vous mettez en oubly tous vos deuoirs. Si vne fois cette affettée que ie vous ay donnée, & qui vous tient attaché, allume ma jalousie, & elle, & vous ressentirez les effects de ma rage, & du desespoir

sespoir où vous me reduisez. Ie pensois qu'elle ne deust seruir que de voile à nos affections, & je voy que ce manteau me desrobe à vostre veuë. Ie n'empesche pas que vous ne l'aimiez, mais que vous n'aimiez qu'elle, c'est à quoy ie m'oppose. Ie ne me flatte point, mais ou la glace où ie me mire est fausse, ou elle ne m'égalle en rien : je ne dis pas en sang, en rang, en dignité, car cela ne peut souffrir de comparaison, mais en beauté. C'est vn bouton, & ie suis vne roze espanouye, c'est vn fruict vert, je suis en ma perfection

fection, c'eſt vne aube, & je ſuis vn plein jour: en vn mot je ſuis ſa Princeſſe, & elle n'eſt que ma vaſſale: quelle raiſon y a-t'il qu'elle me precede en voſtre affection? Si c'eſt à cauſe du Mariage, c'eſt moy qui l'ay fait, & le faiſant ie n'ay rien voulu faire à mon preiudice. Vous eſtes à moy auparauant que vous fuſſiez à elle, ou pluſtoſt qu'elle fuſt à vous. Et bien! quelle ſoit à vous, & que vous ſoyez à moy, nous voyla contentes. Vous-vous dittes ma creature & vous-vous reuoltez contre ma volonté, vous-vous declarez ſubjet & obeïſ-
ſant

sant en fuyant la sujettion & l'obeïssance. Choisissez ou d'estre subjet à vne simple Damoiselle, ou d'estre égal à vne Souueraine, & s'il vous reste de l'esprit je le fais juge, si la consideration de vostre bien ne doit pas l'emporter en la balance. Il est en vous de me rendre heureuse, comme il est en moy de vous rendre malheureux. Pensez que vous n'estes plus à vous estant deuenu l'object de mes pensées, & vos resistances cesseront: & alors comme vous estes le sujet de mes desirs, je vous en verrai estre le remede.

IV. Vous

IV.

Vous souuient-il encore, Aristandre, de ce que vous me distes lors que me faisant les complimens de la charge que je vous ay donnée, & qui ne sera que le marchepied des honneurs que je vous prepare, si vous-vous rendez à mes desirs? Vous protestiez que ce vous seroit beaucoup d'honneur de mourir pour mon seruice en reconnoissance d'vn si grand bien-faict. Ie ne demáde pas que vous en mouriez, mais que vous viuiez pour

pour moy & auec moy vne vie heureuse. La gloire de trainer les Princesses en triōphe, qui n'a esté acquise par les anciens Capitaines qu'au hazard de leurs vies, & au pris de tant de dangers & de sang, s'offre à vous d'vne façon bien plus aysée & plus facile, & c'est peut estre pour cela que vous la dédaignez. Ie vous ay reçeu à mon seruice apres le naufrage de vostre fortune,& tout moite de vostre debris, & receu auecque les auantages que vous sçauez. Vous teniez à beaucoup de faueur que je fusse vostre Maistresse d'election comme ie le suis de naissance, & voila que i'y adjouste vn comble que vous n'eussiez osé esperer, le voulant estre en bienvueillance comme en auctorité. Vous estes mon seruiteur, je le veux, & de plus je veux estre vostre compagne pour vous tirer de ma suite. Vous protestez que ce vous est trop de grace de m'adorer, je ne me contente pas des adorations, i'y adjousterai les caresses. Si vous auez l'ambition de me seruir, permettez que ce soit au gré des passions dont vostre merite est coulpable : & que je vous rende aussi contant

tant que je vous en estime digne. C'est à moy de reconnoistre vostre valeur, & de luy destiner des recompéses conformes au iugement que i'en puis faire. Vos recómandables qualitez me sõt autãt d'honnestes supplicatiõs qui me tirent des mains vn pris inestimable. Pouuez-vous empescher que la bõté n'entre en mon ame par la breche que vostre merite y a faite ? Mirez-vous en cette belle playe, Aristandre, non comme au miroir de vostre vanité, mais comme en celui de la pitié. Mais comment s'y mirer si les feux en ont

fon

fondu la glace? Au moins regardez-la, & ie m'asseure que sa veuë fera naistre en vostre cœur des effects proportionnez à ma bonté, & à vostre courage. Que si vous n'auez de la pitié pour ma playe, ayez-en pour celle de vostre fortune que vous ruinez : aymez seulement vostre bien, & il ne faut que cela pour porter vostre consentement à me plaire. Apprenez par ce que je vous presente à reconnoistre ce que vous meritez : & si vostre œil qui me voit sans se voir soy-mesme, vous rend aueugle en vostre propre estime, considerez sa
puissan

puissance dans les effects qu'il opere en moy, pareils à ceux de la foudre qui ne s'attaquent qu'aux choses les plus esleuées. Ie ne veux plus que ce nom de Princesse, de Dame & de Souueraine, ny que mes titres de Majesté vous effrayent ; ceux d'Amie & de Maistresse me seront plus agreables, pourueu que vous les vsurpiez en mon sens. Que si vous mesprisez la douceur de ceux-ci, redoutez la rigueur & la seuerité de ceux-là, & vous souuenez de ce que fait vne colere secondée d'vn pouuoir absolu. Cela vous empeschera de preferer les espouuantables effects de mon indignation aux doux fruicts de ma bienvueillance.

V.

Qve je ne voye plus de vos lettres, si vous ne voulez cháger de stile. Vous voyez à quoy je m'humilie: pourquoy me traittez-vous si hautement? Témoignez-moy par des paroles plus hardies les marques de vostre courage, & les resolutiós que vous deuez prendre de m'obeïr. Autrement sachez que ie me sçauray bien défaire

faire de cette Riuale, qui vous occupe tellement, que ne laiſſant en vous aucune place pour moy, n'y en laiſſe pas encore pour vous meſme. C'eſt moy qui ay fait de vous deux vn lien que ie pourray bien rompre: car i'ay en mes mains les clefs de voſtre vie & de voſtre mort. Ne me reduiſez-vous pas aux termes de ſauuer ma vie, par la perte de la ſiéne? En l'Empire & en l'Amour il ne faut point de compagnon. L'apprehenſion que vous auez de luy deplaire, fait que vous faittes moins d'eſtat de m'offencer, & que ne me donnant

nant que des parolles respectueuses & infructueuses, vous me payez d'effects remplis d'ingratitude & de desloyauté. Ie ne veux point que l'on me serue ainsi, ie veux estre tout ou rien. Si vous me complaisez, i'ay dequoy vous faire si grand que ny moy ny personne de cét Estat ne vous pourra défaire, mais iusques-là ie vous tiendray en tel poinct, que le moindre clin de mes yeux vous enfoncera en des tenebres mortelles. Le meilleur cõseil que vous puissiez prẽdre, est de mesnager si bien l'occasion qui se presente si

gra

gracieusement à vous que d'vne douce & fauorable Maistresse, vous ne fassiez pas vne rude & implacable ennemie.

VI.

DEpuis quand, Aristandre, auez-vous entrepris de faire mentir le Prouerbe, qui bannit la pieté de la Cour? Et depuis quand d'Escuyer estes-vous deuenu Prescheur, & de Cheualier Theologien, & homme de conscience? O traistre! ô hypocrite! c'est donc ainsi que vous-vous seruez tantost de la reuerence de la terre, tantoſt de la crainte du Ciel, pour vous oppoſer à mes affections : & apres auoir veu que la vehemence de ma paſſion fauſſoit toutes vos deffences, vous faittes maintenant rempart de voſtre conſcience contre mon auctorité, comme s'il falloit n'eſtre pas aueugle quand ie vous commande. Dittes & auouëz franchement, que c'eſt l'amour que vous portez en terre à cette affettée, qui vous retient, & non pas celle du Ciel. Car bien qu'il ſemble que ſous les loix du Ciel vous l'aimiez en la terre.

re, les mesmes loix ne vous obligent elles pas de m'obeïr? Vous direz, que vous m'obeïrez aussi au peril de vostre vie, pourueu que ce soit en choses raisonnables: & y a-t'il rien de plus raisonnable que d'aimer ce qui nous aime? Faire le contraire n'est-ce pas auoir renoncé à la nature & à l'humanité? Vous repliquerez, qu'il faut obeïr en choses licites; & si je vous employois en des exploits de guerre, seroit-ce à vous d'examiner s'ils seroient justes ou non? La conscience alors pourroit-elle justifier vostre lascheté? Or

apprenez de moy vne creance commune à la Cour, c'est qu'il n'y a point de loy plus supreme que celle-cy, de plaire en tout au Souuerain, sans esplucher si ce qu'il veut est juste. La loy est tousjours iuste, & sa volonté c'est la loy. Qui voudra viure sous autre reigle, & embrasser d'autres maximes de pieté, sorte des Palais. Et bien, Aristandre, si vous auez l'esprit si delicat, & l'ame si douillette, souuenez-vous que tout le crime sera sur moy, & que ma seule conscience respondra de tout. Car l'obeissance que vous me rendrez vous
fer

seruira d'excuse, & deuant le Ciel & à la face de la Terre: puis que celuy qui obeït n'à que faire de respondre de ses actions, leur garantie retombant sur celuy qui commande. Les fautes qui se font en guerre sõt attribuées aux Capitaines, & non aux Soldats. L'amour a sa milice qui va de mesme pied : si vous luy leuez le bãdeau qu'il a sur les yeux, vous luy ostez son plus bel ornement, sa plus essentielle qualité est d'estre aueugle. Il m'a aueuglée pour vous, Aristandre, & il m'a osté le regard & l'esgard à mes grandeurs & à mes qualitez

litez. Pourquoy ne serez-vous pas aueugle pour moy, sans vous amuser à ces scrupules & bigotteries qui vous emplissent d'vne sotte honte, & vous rendent ridicule? Nous aurons tout loisir de faire penitence en nostre âge plus auancé, lors que les ans nous faisant leçon de froideur & de temperance, nous auront deliurez par leur glace des ardeurs qui nous molestent en la saison où nous viuons. Les fruits de la jeunesse sont les plaisirs, ceux de la vieillesse les douleurs, douleurs compagnes inseparables de la repentance. Rendez

dez-vous, Aristandre, à ces raisons plustost qu'à vos timides pensées, ou aux frenesies de cette Nicette qui vous enchâte. Ie ne suis qu'amour, elle que jalousie, sinon je vous desferay bien-tost pour vostre bonheur de cette mauuaise compagne, pour vous mettre en ma compagnie : car ie ne puis plus supporter l'insolence de son opposition. Et sçachez que si vous ne vous rangez promptement à ce qui me plaist, si je n'ay assez de graces pour me faire aimer, j'auray assez de pouuoir pour me faire craindre.

Ces

Ces eschantillons feront voir jusques où va l'effronterie, quand elle a leué le sainct nom d'honneur de deuant les yeux d'vne personne. Sa sagesse est alors toute terrestre, animale, & diabolique : elle faict gloire de sa confusion, & rempart de sa honte. Où la cheure (animal simbole d'incontinence) donne de la dent, elle porte le feu, & empesche de repousser les extremitez qu'elle broute. Ne diriez-vous pas qu'autant de mots, sont autant de flesches aiguës & penetrantes, qui ne rencontrent

trent point de boucliers à l'espreuue, ny de cœurs impenetrables à leur effort? L'impudence est l'ombre inseparable de l'impudicité, l'incontinence du corps peut bien encore passer en celle de la plume & de la langue: car comment les paroles seroient-elles reiglées, quand les effects sont desordonnez? Cette femme monstre bien à ses discours, combien elle est fiere, & altiere, que l'amour luy donne encore de peine à s'humilier. Mais quand elle reuient à ces termes de colere, de menace, & d'arrogance, elle est en son

ele

element, triomphe neantmoins qu'elle chante auant la victoire : car noſtre Ariſtandre, inuincible aux fureurs & aux douceurs, aux craintes & aux eſperances, aux coleres & aux attraicts, eſt vn rocher qui ſe rit au milieu des flots des molles attaintes de ces ondes, qui le poliſſent, & l'affermiſſent pluſtoſt que de le perdre ou de l'ébranler. Pour ne mettre tout à fait hors des gonds cette Megere, il ſe vit engagé à luy faire des reſponces, pour parer auec vn eſcu de papier des coups de plumes. Que ſi les termes de l'impureté

reté en la bouche d'vne femme aueuglée, ont fait voir la laideur d'vn vice effronté, que celles de l'honnesteté en celle d'vn homme de bien facent cōnoistre ce que peut la vertu en vn beau courage. Certes il faut auouër que la tentation qu'essayoit alors Aristandre, estoit des plus violentes qui se puissent imaginer: car le Diable, le Monde & la Chair, par vn accord & vn concert estráge, auoiét comme entrepris de ruiner sa fidelité: les interests de la grandeur & des richesses, & en outre le sentiment des plaisirs, qui est si cuisant,
luy

luy liuroient vn assaut terrible, ô grace! grace du Ciel, que ne peut-on auecque toy, & que peut-on sans toy? Que bien-heureux est celuy qui peut dire auecque le diuin Chantre : Seigneur quand je chemineray en la region de l'ombre de mort, je ne redouteray point les maux qui la trauersent : car vous estes auecque moy, & si vous estes pour moy, qui me pourra estre contraire? Mais sans m'arrester à vne plus longue digression, je voy que vous attendez auec vn peu d'impatience l'antidote du venin que ces lettres precedentes vou vouloient souffler en l'ame de nostre Cheualier. Le voici en ces repliques.

―――――――

LETTRES D'A-
ristandre à Argée.

I.

MADAME,
C'est auec vn tel battement de cœur, & vne émotion si extréme de toutes mes arteres, que j'entrepréds de vous faire ces lignes, que ie ne sçay comme le tremblement de ma main en pourra bien marquer les ca-
racte

racteres. Moy-mesme je m'estonne de mon estonnemét, & comme il est possible que deuant tant d'humilité que vous me faittes paroistre, je vous témoigne si peu de hardiesse. Moy, Madame, à qui la peur est honteuse, & qu'elle n'auoit jamais osé aborder dans les plus grands perils, je la rencontre non pas en vostre presence, mais deuant la seule idée de vostre grádeur. C'est la force du respect qui surmonte ainsi celle de mon courage. Car ce mot de Souueraine frappe d'vn si grand coup l'imagination la plus ferme qu'il n'y a rien a rien qui y puisse resister. Comment eusse-je donné creance à celle qui m'a apporté de vostre part des paroles si desauantageuses à vostre gloire, si dementant mes propres yeux en la veuë de vos deportemens, i'ay encore pensé les accuser d'abus en la lecture des escris de vostre main? A peine crois-je ce que je voy, & ie tiens toutes ces illusiós pour des songes, & pleust à Dieu que ce fussent des mensonges. Ie m'imagine quelquesfois que je suis dás ces Palais enchantez,& prenant les choses qui se presentent à moy, par le

reuers

reuers je me persuade que ces excessifs témoignages d'amitié que vous me rendez, sont des presages de vostre haine. Pensez, Madame, à ce que vous estes, & à ce que je suis, & ie croy que ces prestiges s'esuanouïront aussi-tost de vostre fantaisie. Celles de vostre qualité sont si grandes que rien plus, que le raualement ne les peut releuer: mais si l'humilité vous est bien-seante, l'orgueil & la presomption sont odieuses en quelque sujet qu'elles se rencontrét, mais elles sont insuportables en vn pauure qui n'a pour partage que la
bassesse

bassesse & le mespris. A Dieu ne plaise, que je me mescognoisse, & que pour me vouloir esleuer auecque des aisles de cire vers le Soleil de vostre splendeur, je me precipite apres vn tel essor dedans la mer de vostre indignation. Indignation de laquelle je serois digne, si j'auois seulement haussé ma veuë où vous voulez que j'esleue mes pretentions & mes esperances. Madame, ce qui me reste de prudence, me conuie à la cognoissance de moy-mesme, & à la reconnoissance de ma petitesse & de vostre éleuation. La di-

sparité d'vne si grande Princesse à vn pauure Cheualier inconnu, m'esloigne autant de vous que le Ciel est escarté de la terre. Et à quelque abaissement que vous-vous reduisiez pour faire naistre mon desir, tousiours vostre dignité fait mourir mon esperance. Ie suis vn homme obscur & des moindes Gentils-hommes de vos Estats, & vous estes telle que vos perfections ne sont inconnuës que pour leur immensité, tout ainsi que le Soleil, qui ne peut estre veu, parce qu'il a trop de lumiere. Ie ne suis point vne aigle pour en
suppor

supporter les rayons, contant dans mes obscuritez comme vn oiseau nocturne. Comme souffrirois-je, Madame, que vous descendissiez de vostre Throne, moy qui voudrois y seruir de marchepied, qui voudrois vous y affermir par l'effort de mon espée, & à la pointe estendre les bornes de vostre Souueraineté, aux despens de ma vie & de mon sang ? La mort de feu, & la tombe d'eau de ce jouuenceau temeraire qui voulut conduire le chariot du Soleil, m'apprend que pour viure heureux, je me dois tenir dans les bornes de ma con-

dition & de ma naissance, si je ne veux me rendre signalé par ma cheute, & faire que le Rhin noye mes ambitions, comme l'Eridan suffocqua les siennes. Quelque grandeur dont vos promesses flattent mon imagination, n'a point tant de pouuoir de m'attirer, que la crainte du naufrage de me retirer d'vne nauigation si perilleuse, sçachant que la fortune est tousiours beaucoup plus liberale de ses disgraces que de ses faueurs, que les faueurs sont de verre, d'autant plus prest de se briser, que plus on le voit briller. Et que
sa

sa rouë n'est stable qu'en son mouuement, ny constante qu'en son instabilité. Permettez-moy, Madame, d'adorer la grandeur en vous, sans la desirer en moy, & vous contentez pour vostre honneur & pour mon bien, de cét hommage que je vous rends de ma fidele subjettion, & deuotieuse seruitude.

II.

MADAME,
La côtinuation de vos faueurs me fait continuer mes temeritez. Car de quel autre nom puis-je appeller cette

cette liberté que ie prends à vous escrire? Vous-vous plaignez de l'esgarement de ma veuë quand ie vous voy, mais si j'ay du deffaut, vostre perfection en est coulpable. Sans crespe je ne puis regarder le Soleil. Cet astre enuisage bien la terre & l'illumine, mais je n'ay point ouy dire que la terre eust des yeux pour les jetter sur ce grád Planette, qui rend tout visible. Il vous est bien permis d'éclairer mes tenebres, mais quelle splendeur peut adjouster vn triste flambeau à celle de l'œil du iour? Ces graces que vostre imagination

tion vous peint sur mon frôt, ne me sont jamais apparuës, ny dans les plus fideles glaces, ny dans le cristal des plus claires fontaines. Ie crains que quelque sort vous deçoiue, qui estant passé me rendra non seulement l'object de vostre desdain, mais de vostre despit, & le but de vostre vengeance: car c'est l'ordinaire d'auoir en horreur quand on est sain, les choses que l'on desiroit auecque plus de passion estant malade. Si je destourne mes yeux de l'esclat de vostre grandeur qui m'esblouït, i'y suis forcé par ma foiblesse. Il ne faut pas ficher opiniaſtrement ſes prunelles dans la rouë du Soleil qui n'en veut perdre l'vſage. Si vous n'eſtiez point enuironnée de tant de perfections vous me ſeriez moins ſuſpecte. Il n'eſt pas permis de contempler attentiuement ce qu'on ne peut deſirer iuſtement, ny eſperer raiſonnablement. Si ie me retire du feu, c'eſt de peur qu'il ne me bruſle. Ce qui n'eſt en vous que licéce, ſeroit en moy vn ſacrilege. Le Ciel darde bien ſes influences iuſques à la terre, mais les vapeurs de la terre ne s'eſleuent pas iuſques au Ciel,

Ciel, à peine touchent-elles en l'air la region moyenne. Quand ie me tiens en la mediocrité de ma condition, ie ne suis point destructeur, mais conseruateur de ma fortune. Ie l'ayme mieux petite & asseurée, qu'esleuée & sujette à l'enuie, & à estre mise à l'enuers. Ie ne doutte point que vous ne ressembliez au Soleil qui attire les nuées & puis les resout. Mon sort est en vos mains, vous me pouuez faire & deffaire. Mais, Madame, qu'il me soit permis de dire à V. E. cette parolle genereuse & libre; si ie me tiens à la vertu, ie puis estre asseuré que la fortune, ny les puissances, ny le present, ny le futur, ny les tourmens, ny les menaces, ny creature quelconque: non pas mesme la mort me pourra rauir ce tresor des mains, car c'est vne possession qui n'est point sujette à l'inconstance des choses humaines. Il est vray, Madame, que ie suis à vous pour la naissance, & que vous auez droict de disposer à vostre gré de ma vie & de mes biens, mais de mon honneur & de ma conscience, il n'y a que celuy par qui les Roys regnent qui en soit le Souuerain. Sous l'ombre

bre des aisles du Dieu viuant ie braueray la mort, car il me peut donner vne eternelle vie. Et si je luy suis fidelle iusqu'au dernier souspir, la couronne de gloire ne me peut manquer, belle couronne tissuë de lauriers & de roses, qui ne flestrissent iamais. Tant que i'auray cette ourse deuant les yeux, je ne crains ny les vents, ny l'orage, d'autant qu'il me peut faire tirer profit de mon dommage, & par le naufrage temporel, me faire arriuer au port du salut eternel. Vous estes bien grande, Madame, mais Dieu est plus grád que vous: vous tonnez sur ma teste, mais il tonne sur la vostre. Les Souuerains sont redoutables à leurs sujets, mais Dieu est redoutable aux Souuerains, & terrible aux Roys de la terre. Regardez sa puissance, Madame, & tremblez sous elle, si vous voulez que ie tremble sous la vostre. Faittes ses volontez & ie feray les vostres, ainsi vous ferez sa viue image, & moy alors trop heureux de vous rendre tout hommage pourueu qu'il soit reglé selon ses loix.

III. MA

III.

MADAME,
Vos beautez sont telles que vous les depeignez & plus grandes encore : car la modestie vous les a faict representer desauantageusement, elles sont bonnes à deplier deuant vn Monarque digne de vostre conqueste & de vostre sang. Mais si faut-il que je vous auouë, qu'elles n'ont point assez de force pour me distraire des sainctes & legitimes affections que le Ciel m'a inspirées, pour celle que Dieu &
vous

vous m'auez donnée pour compagne. Vn Mary a tousjours mauuaise grace de louër sa femme, pour belle & vertueuse qu'elle soit, je croy & voy bien qu'elle vous cede en tout, mais elle a bien assez de charmes pour enchainer l'esprit d'vn Gentilhomme, puisqu'vn Prince en a le sens tout alteré. Elle est autant indigne des pensées du fils, que je le suis de celles de la Mere, ce nous feroit vne grande grace si vous nous laissiez tous deux en paix : nous sommes tous prests de renoncer à toutes les delices, & à toutes les gran grandeurs de voſtre Cour, pour iouïr aux champs, és maiſons que nous tenons de l'heritage de nos anceſtres, de l'innocéce d'vne vie d'autant plus heureuſe qu'elle eſt rude, & exempte des troubles & des ſoucis qui tourmentent les eſprits des villes. Nous en ſerós plus pauures, mais nous n'en ferons pas moins contens, & ſi nous n'auons pas la gloire des ſceptres, nous n'en aurons pas les eſpines. Vous parlez des loix du Mariage, comme des loix humaines, que les Souuerains font & deffont, eſtendent & entendét à leur plaiſir,

sir, mais il n'en est pas ainsi, car la loy du sainct Mariage fut la premiere de toutes établie par le Dieu du Ciel, dans le Paradis terrestre, qui oblige également les grands & les petits, & y soufmet autant les Souuerains que leurs subjets, & hónorable en tous ceux qui s'y engagent. Prendre vne femme & ne luy garder point de fidelité, est vne trahison abominable deuát Dieu, & execrable deuant les hommes. Pour elle l'homme doit quitter Pere, Mere, Parens, Païs, & Prince encore pour luy adherer. Celle que le Ciel m'a dónée pour estre vne

vne autre moy-mefme, me poffedant fous cette loy, il n'y a plus de part en moy pour aucun autre, comme elle toute à moy, je fuis toute à elle, prefts de paffer d'vn mefme lict en vn mefme tōbeau, l'honneur fur le front. Ce n'eft point fa jaloufie qui me tient, c'eft fon merite, c'eft fa vertu. Ce n'eft point elle, mais la raifon qui m'empefche de me porter à ce qui m'eft affez deffendu par le deuoir. Ie ne puis que ce que je dois, je ne dois auoir des flammes que pour elle. Pour elle ie fuis tout feu, pour les autres tout de glace. Et plus pour

pour vous que pour aucune autre, Madame, à cause du grand respect qui me glace le sang, quand ie repense à ce que vous estes. Pésez-y quelquefois, Madame, & vos passions s'allentiront, vos coleres s'amoindriront, & vous nous rendrez, pourueu que la raison ait lieu, pluftost les sujets de vos bienfaicts que de vos disgraces. Sinon nous nous rangerons en la part de ceux qui possedás leurs ames en patience sont appellez bien-heureux, parce qu'ils sont persecutez pour la justice.

IV. II

IV.

IL m'en souuient tres-bien, Madame, & plustost, m'oublieray-je moy-mesme, que de perdre le souuenir de cette grace signalée dont vous me fauorisastes en la disgrace qui m'arriua par le Prince, mon Seigneur, & vostre Fils. Ie n'ay point perdu la memoire des protestations que ie vous fis de mon seruice, & de ma fidelité. Tous les iours ie les renouuelle en mon ame, & ie ne souhaitte rien tant que de voir naistre de iustes occasions

sions, de vous témoigner quel en est mon ressentimét. Ie ne fus jamais si hautain que de penser triōpher d'vne si grande Princesse, sinon par la gloire de mon obeïssance, quand ses commandemens seront legitimes. Alors ce me sera vn grand heur de suiure son char triomphant, mesme en qualité d'esclaue. Qualité qui fille d'vne iuste recōnoissance sera tousiours preferée par ma volonté à tout autre tiltre, parce qu'elle marque mieux que tout autre vos bien-faicts, & mes redeuances. Aussi la tiens-je d'autant plus honnorable qu'elle

qu'elle est legitime, veu que je ne mesure la justice que par l'honnesteté. Celuy de vostre associé me seroit dangereux, & à vous infame, & m'en garantissant ie pense auoir pitié de vous & de moy. De vous parce qu'il vous deshonoreroit, de moy parce qu'il me ruineroit. Et pour dire la verité, ie suis si ialoux de vostre reputation, que vostre honte me seroit plus sensible que ma ruine. Si ma presence vous blesse, & les traicts que vous en tirez inuisiblement vous causent ces playes imaginaires, puisque nous-nous gaignons par
le

le reuers de ce qui nous perd, permettez que mon absence vous guerisse, ou du moins vous rende à vous mesme. Persóne n'y perdra plus que moy, mais i'estimeray gaigner en cette perte, puisqu'elle vous sera auátageuse. Que ne puis-je perdre la vie pour la santé de vostre esprit, & par vn baing de mó sang, vous leuer le mal qui vous inquiete ? Ie croy que Dieu auroit fort agreable ce sacrifice que ie ferois de mon corps pour sauuer vostre ame, & qu'il recompenseroit cette mort temporelle par vne bien-heureuse eternité.

nité. Eternité, Madame, que ie vous coniure de mettre en vostre pensée, & ne la perdre pas pour des momens. La mort est à toute heure à nostre porte par l'incertitude de la vie, & quoy que nous la pensions fort eslognée, quand nous mesurons la carriere de nostre âge selon le commun cours de la nature, elle est quelquefois toute voisine par vn accident impreueu. Pensez-bien à cela, Madame, & souuenez-vous que ce sera elle qui nous rendra vn iour égaux, & non pas cette amour illicite qui ne nous peut égaler
sans

sans vne iniustice manifeste.

V.

MADAME,
Ce m'est vne cruauté bien sensible, qu'au lieu d'auoir la main à l'espée, pour vous témoigner par mon sang l'asseurance de ma fidelité, ie l'aye à la plume pour tracer des lignes, que ie ne puis vous rendre agreables, si vous ne changez de resolution. Ne craignez pas que ce changement vous apporte du blâme, au contraire ce vous sera vne glorieuse victoire

&oire de vous laisser vaincre en la mauuaise determination que vous auez prise, de ruiner de biens, d'honneur, & de vie, vne creature que vous n'auez, ce semble, mise auantageusement au monde que pour l'en oster plus ignominieusement. Quant à la mienne elle est telle qu'auant que j'en demorde vn seul poinct, i'offre de m'exposer à la perte de ma vie, par les supplices les plus exquis que l'on puisse inuenter. Car estant fondée sur la reuerence que ie vous dois, & sur la fidelité dont ie suis obligé à Dieu, ie ne puis aller plus
outre

outre que ces colónes d'Heracle. Et facent de moy vostre colere, & ma mauuaise fortune ce qu'elles voudrōt ie ne puis vous escrire d'autre stile. Seulement quand vous exercerez sur moy ces vengeances dont vostre auctorité me menace, auisez de n'attirer point sur vostre chef l'ire du Dieu des vengeances: car elle est telle que venant tard elle recompense la tardiueté de la peine par la pesanteur du supplice. A Dieu ne plaise que ie me deporte jamais des termes que la modestie & la bien-seance me commandent d'employer

ployer en escriuant à V. E. ou en luy parlant : car ie ne passeray point de la Ciuilité née auec vn Gentilhomme, dans l'effronterie d'vn charlatan & d'vn bouffon. Ie ne fus iamais instruict en cette escole. Ie ne sçai pas quels tiltres vous aggreent, mais ie sçai ceux que ie vous dois, & qui sont conformes aux sentimens de mon ame. En fin, Madame, c'est en vain que par vos lettres vous voulez estimer ma constance, il vous sera plus aisé de me deffaire comme il vous plaira, que de faire de moy ce que vous voulez. Et Dieu iugera vn iour qui a raison de vous ou de moy, & sçaura bien distinguer entre les rigueurs, dont vous me menacez, & les souffrances ausquelles ie me prepare.

VI.

MADAME,
Ie n'ay que le silence pour responce à vos outrages, les injures des Princes, sont des eaux de fleurs qu'ils répandent sur leurs subiets. A cela il n'y a point d'Eco, parce que les repliques sont mortelles. Quant aux menaces, ie sçay que vous pouuez tout,

tout, mais aussi ie sçay que celuy qui ne se soucie pas de mourir n'apprehende aucune chose. C'est à la mort que vos lettres me font bien mieux resoudre que non pas à cette amour qu'elles me proposent, & qu'elles me proposent, comme celuy qui presente le pain d'vne main à l'animal innocent, & tient pour l'assommer vne pierre de l'autre. Et puis fiez-vous aux Princes, & leur confiez vostre salut. Madame, pour ne vous tenir point d'auantage dans le labyrinthe de l'erreur où ie voy que vous viuez, permettez-moy de vous dire vn mot, apres quoy il ne faut plus rien attendre de moy, qui suis resolu de mourir innocent, pluſtoſt que de viure coulpable. Ie prens le Ciel à teſmoin du regret que i'ay de ne vous pouuoir aimer comme vous m'aimez, & conſens qu'il me puniſſe, ſi i'vſe en voſtre endroit d'aucune hypocriſie. Pardonnez-moy ſi ie vous dis que c'eſt à tort que vous m'accuſez d'ingratitude, puiſque ie ne puis vous reconnoiſtre en la façon que vous l'entendez ſans eſtre ingrat enuers Dieu, de qui ie tiens la vie; ny auoir pitié de voſtre

vostre passion sans estre impitoyable à mon ame. Ie ne suis pas à connoistre les extrémes obligations que je vous ay, mais ie vous ay dit quelle loy m'empesche de les reconnoistre. La recompense que vous pretendez de vos bienfaits, vous en fait perdre la gloire : car elle est sans apparence de justice & de raison, veu qu'elle vise à vous faire perdre l'honneur, & à moy l'ame & la vie. Pensez-vous que si je m'estois oublié iusques là de prendre l'auantage de la faueur que vous me presentez, qu'outre les justes fureurs du Prince qui me mettroit en mille pieçes, ie peusse deuant Dieu justifier l'offence que i'auroy commise par le commandement que vous m'auiez faict? Contentez-vous, Madame, que n'estant plus à moy ie ne puis plus estre à vous, & reconquerant vostre raison que vostre passion a iniustement emprisonnée, employez-la à souffrir cõstamment la perte d'vne personne qui ne vous peut estre legitimement acquise. Si vous m'aimez comme vous me le voulez faire croire, ie vous supplie de m'aimer honnorablement & selon que les loix

loix du Ciel, à qui nous sommes tous sujets le permettent, autrement ie vous declare(& ie seelleray cette veritable resolution de mon sang)que les effects de vostre cruauté me seront plus supportables que ceux de vostre bienvueillance.

C'est parlé en homme cela, & en homme de bien, mais las! si Apollon estoit consulté encore vne fois, qu'il treuueroit en ce temps peu de gens de bien de cette trempe, & qui ayent pour leur deuise : Plustost mourir que de pecher. Cependant ie prie le Lecteur de peser bien

serieusement en ces Lettres, & en ces Responces, la foiblesse du vice, & la force de la vertu, la folie de l'vn & la sagesse de l'autre. Car comme la beauté se monstre mieux aupres de la laideur, la rose éclate plus viuement aupres de l'espine, & la Lune plus obscure est la nuict; ainsi la vertu redouble son éclat, & sa force estát pressée, & comme oppressée par les persecutions des vicieux. C'est à ce dessein que i'ay opposé & proposé ces lettres, comme ces tableaux à deux prospectiues, & ces statues à deux faces, affin que la vertu
brille

brille dauantage dans les pointes des tentations, comme le ruby d'Æthiopie qui s'enflamme dans le vinaigre. Ie pourrois faire voir la femme dans les mesmes agonies du mary: car comme si vn mesme demon eust obsedé la mere & le fils, cettuy-cy se mit à escrire à Nicette, mais des lettres qui ne furent ny veuës ny receuës, affin que de cette reception il ne prist aucun auantage, ny ne pretendist aucune responce. Ce fut l'auis de Dafroze appreuué par Aristandre : car Nicette comme vne fidelle seruante & espouse, ne celoit rien à sa maistresse ny à son mary. Des lettres Argée vint aux paroles, dont elle tira aussi peu de satisfaction d'Aristandre, que de ses escrits, dont elle conceut en elle mesme des resolutions desesperées. Et comme il y a beaucoup de choses que l'on dict, parce que le discours vole, que l'on n'ose pas confier au papier qui demeure, elle fit des propositions à Aristandre si horribles, que l'enfer auroit de la peine à en vomir de semblables, ce qui donnoit beaucoup plus d'horreur que d'amour à ce Gentilhomme, qui ne minutoit

toit autre chose qu'vne fuitte d'vn si abominable lieu. Toutes les fois qu'Argée luy parloit, il terminoit tousjours ses responces par le congé qu'il demandoit à genoux & les mains jointes, ce qui mettoit Argée au desespoir. Elle eust bien desiré auoir quelque, sinon juste au moins specieux sujet de le jetter en vne prison, affin de le retenir (car sa passion luy faisoit tousiours apprehender qu'il ne s'absentast) & de contenter en quelque sorte sa vengeance. Mais on eust aussi-tost pincé sur le poli d'vn miroir, que sur les

actions

actions de cét hôneste Gentilhomme, dont l'innocence estoit publiée par la bouche mesme de ses enuieux. Le Prince d'autre costé, à cause de sa jeunesse plus prôpt en l'execution de ses volôtez, ne cherche que l'occasion de perdre le mary, & de contraindre Nicette de se ranger à sa volonté. Si qu'ayant attitré vn iour quelques braues pour se deffaire d'Aristandre, ainsi qu'il passoit sur le tard par la ruë, il fut enuironné de ces assassins, entre lesquels, se demenât comme vn sanglier qui faict sonner ses deffences au milieu d'vne

meu

meute enragée, car ayant mis le main à l'espée, & s'en seruant auec cette addresse, & ce courage qui le rendoiét redoutable, apres en auoir couché deux par terre, les autres s'escarterent apres l'auoir blecé assez legerement en deux endroits, se sauuant çà & là, dans la mesme presse qui accouroit pour secourir ce Gentilhomme, qui tout blecé qu'il estoit, fut retenu prisonnier par la Iustice, lors qu'on mettoit chez vn Chirurgié l'appareil à ses playes, non pas qu'on l'estimast coulpable, mais affin qu'il se iustifiast de cette rencontre,

qui

qui en auoit mis deux sur le carreau. Argée fut bien aise de le voir retenu, & marrie de ses bleçeures : & comme l'amour estoit encore en elle plus fort que le despit, elle creut qu'en cette prison elle auroit moyen de l'obliger, soit en le secourât, soit en faisant faire la recherche de ceux qui l'auoient outragé, & que par ce moyen elle pourroit gagner quelque chose sur son courage. Mais quand elle sçeut que la partie auoit esté dressée par le Prince, qui vouloit se deffaire du mary, pour posseder la femme; elle fit cesser la poursuitte fuitte de peur du scandale que pourroit aporter vne action si deshonnorable. Et pour preuenir les pretensiós de son fils, elle creut qu'il estoit plus à propos pour contenter sa passion de mettre la femme dans le tombeau pour conseruer le mary pour elle, le desirant auoir en mariage, si autrement elle ne pouuoit le reduire à sa volonté. Le Prince qui vit que la violence des armes auoit succedé au rebours de ses intentiós, se resout d'employer la poison pour oster Aristandre du nombre des viuans. Argée comme si elle eust

eust esté conseillée par le mesme esprit infernal qui donnoit ce dessein à Hellade, prend la mesme resolution; Si que voyla nos deux Amans des victimes de mort. L'occasion en paroist facile, car la fidelle Nicette aussi-tost qu'elle sceut la prison de son Aristandre, s'y alla enfermer auec luy pour le consoler en son affliction, le seruir en la guerison de ses playes, & luy tenir compagnie en la vie & en la mort. Les empoisonneurs cependant sont de part & d'autre aux aguets pour espier les occasions d'enuoyer ces innocens

nocens au sepulcre. Celuy qui auoit esté employé par Hellade, fut le premier en diligence, mais il arriua tout au rebours de son dessein, car le venin qu'il auoit meslé dans la viande qui deuoit estre presentée à Aristandre, seruit contre l'intention de celuy qui l'employoit, à tuer la pauure Nicette, laquelle s'estant repeuë de cette mortelle portion, parce que le mal que les playes d'Aristandre luy faisoient, luy auoit leué l'appetit, elle sentit peu d'heures apres ce funeste repas glacer son estomac, par la froideur d'vne cicuë irreme irremediable. En moins de deux heures, munie du Sacrement de reconciliation, elle rendit à Dieu son ame heureuse, entre les bras de son cher Aristandre, auecque des regrets & des paroles qui firent naistre de la pitié en ces lieux où elle n'auoit jamais eu d'étrée, car la prison est le centre de la misere, & le trone de la cruauté. Si la crainte de Dieu n'eust esté profondement emprainte en l'ame de nostre prisonnier, elle eust faussé sans doute la prison de son corps, & fust sortie comme celle d'vn Caton, par le deschirement de ses playes, mais se resoluant de suiure au Ciel celle que Dieu y auoit appellé, si misericordieusement preuenant la perte de son honneur par celle de sa vie, que selon les apparences elle ne pouuoit trainer que miserable, il creut que le desespoir seroit vn trop mauuais conducteur pour l'y acheminer. C'est pourquoy se resoluant de faire vertu de la necessité, & rempart côtre tous ses maux, de la patience, attendant de quelle façon Dieu le feroit mourir: il s'enfonça dans vne desolation tellement inconsolable, qu'il ne faisoit pas moins

moins de pitié malade, que Nicette morte. De vous dire les differentes impressions que firent és esprits du Frere & de la Sœur, la mort de cette jeune Dame, il seroit malaisé : car si nous regardons la solide amitié que Dafroze portoit à tât de vertus qu'elle auoit reconnuës en elle, la Princesse auoit d'autant plus de deplaisir, que le sujet en estoit plus iuste & plus raisonnable. Mais si nous considerons l'impetuosité de l'ardeur amoureuse qui va comme vn torrent, au lieu que la douceur de l'amitié coule comme ces fleuues dedans vne

Liure II.

vne platte campagne lentement & infensiblemét, nous ferons contraincts d'auouër que fi l'autre auoit plus de lumiere, cettuy-ci plus de chaleur, & par confequent que fa douleur eftoit plus cuisáte. Auffi la rage le porta-t'elle iufques à ce poinct de fe vouloir precipiter, ne pouuant furuiure à vne telle perte, & fans l'affiftance de fes domeftiques il fe fuft perdu. Argée feule a les yeux non feulement fecs, mais rians parmi tant de larmes, & va pompeufe & triomphante de la defaite de fon aduerfaire. L'empoifonneur qui s'eftoit stoit chargé de faire ce beau coup, encore qu'il n'eust rien faict se preualant de cette occasion, luy demande le salaire promis, à l'aide duquel il va mettre sa personne en asseurance en vne autre contrée, sçachant bien que c'est le stile des Princes, pour se iustifier, d'abandonner leurs complices aux rigueurs de la Iustice publique, se reuestás d'innocence aux despens de ceux qui n'ont esté que les executeurs de leurs passions. Hellade qui veut sçauoir comme c'est fait le change qui le desespere, & ayant descouuert par celuy-la mesme qu'il

qu'il auoit employé d'où venoit la faute, par vne cruauté inouye, & par vne malice encore plus effroyable que vous allez entendre, commanda à deux de ses Estafiers d'estrangler durant la nuict ce miserable, qui estoit de ses domestiques, sans leur en dire la raison. Les galands sans s'enquerir du sujet de ce commandement l'executent, & parce qu'il auoit esté de leurs camarades, ils luy voulurent donner loysir de penser à sa conscience, & de crier mercy à Dieu, ce qu'il fit, leur declarant la cause qui le faisoit
mou

mourir. Vn cordeau qu'ils luy passerent dans le col l'estouffa, & le matin ils firent croire qu'il auoit esté troussé par vne apoplexie. Là dessus le Prince croyant son crime noyé dans le silence de la mort de ce feint apopleétique, s'auisa de la plus noire & detestable inuention qui se puisse imaginer, pour joindre en la mort, ceux qu'il n'auoit peu desjoindre en leur vie, & pour empescher que sa mere ne jettast plus les yeux sur Aristandre, de qui pour cela seul il se fust deffait (comme s'il eust esté coulpable de la passion d'Argée)

gée) n'eust esté les pretensiõs que nous auons deduites. Ce fut en l'accusant d'auoir empoisonné Nicette, (car il estoit tout aueré qu'elle estoit morte par poison) se fondant sur ce que ce Gentil-homme luy auoit dit plusieurs fois, qu'il la feroit plustost mourir que de souffrir qu'elle vint en sa puissance. Aristandre qui souhaittoit autant la mort, comme la vie, qui apres la priuation de sa chere moitié luy estoit odieuse, estant interrogé là dessus, ne desauouë point cette verité, principalement quand il sçeut qu'elle venoit de de la bouche du Prince, de qui il dit au Iuge, qu'il deuoit prendre les paroles pour des Oracles, & ne l'interroger point sur ce qu'il auanceroit, car il se confessoit coulpable de tout ce que son Maistre le voudroit charger, voulant démentir sa propre conscience & ses propres pensées pour se tenir à celles d'Hellade, qui ne pouuoit tant souhaitter sa mort, que luy ne la souhaittast encore dauantage. Neantmoins pour ne bleçer point la verité aux despens de son honneur, & pour ne laisser aucune tache à sa memoire, ou quel quelque honte à ceux de son sang, il estoit contrainct de declarer qu'il n'auoit jamais pensé à leuer la vie d'vne maniere si infame à celle dont il voudroit pouuoir rachetter la mort par la sienne propre. Son premier aueu fut toutefois plus fort que sa negatiue suiuante, si bié que les Iuges concluoyent à le faire mourir sur sa propre confession, dequoy le Prince les pressoit ardamment. De sorte que voila nostre vertueux Aristandre, payant l'amende apres auoir esté battu, emprisonné, apres auoir esté assassiné, & pour comble de son malheur, accusé de la mort de sa chere Nicette, par celuy-là mesme qui l'auoit causée. Ha! barbare, & outrageuse fortune, ne cesseras-tu jamais de persecuter la vertu? Mais comme luy porterois tu du respect, puis qu'elle est le seul object de ta haine & de ton enuie? Va cruelle & aueugle, jamais l'inconsideration des humains ne te puisse esleuer des autels, puisque tu es vn monstre tout remply d'impieté & d'iniustice. C'en estoit faict, & la vie d'Aristandre ne tenoit plus qu'à vn filet: Dafroze mesme persuadée par les cajol cajolleries de sõ frere, qu'Aristandre jaloux eust donné la poison à Nicette, ne sollicitoit point pour luy: au contraire croyant qu'il eust terni par cét acte execrable tout le lustre de ses precedētes vertus, elle en souhaittoit la vengeance, comme le seul reconfort qui luy restoit apres la perte de sa fauorite. Toute la ville imbuë de cette calomnie que le Prince auoit faict artificieusement semer par ses partisans, n'attendoit que le spectacle tragicque du supplice de nostre Cheualier; quand Dieu protecteur des innocens, & dont les jugemens sont secrets, & les routes incomprehésibles, fit sortir des voix du milieu des pierres, & tirant la verité du puits de Cilisme, & la lumiere des tenebres, confondit tous ceux qui auoient fabriqué l'iniquité, & proferé la malicieuse mésonge contre le juste delaissé. Argée estoit bien aise de toutes ces menées, croyant que c'estoient autant de couuertures à son crime, & que reduisant Aristandre à cette extremité de sa vie, & le tirant de la main de la mort, elle l'obligeroit à l'execution de ses desirs. Mais quand elle vit

vit que la justice pressée par son fils alloit si viste, que quelque grace qu'elle donnast, peut estre seroit-elle inutile pour sauuer ce Gentil-homme d'vne fin ignominieuse, elle pensa qu'il estoit à propos de preuenir le jugement, & de deffendre que l'on passast outre à l'instructiō du procés. Ici le Prince fit vne telle instāce qu'on peut dire qu'il fit jouër en cette action le premier ressort de son auctorité. La Iustice auctorizée par le Prince, ne laisse pas d'acheminer le procez, nonobstant les deffences d'Argée, iusques là que

que le iugement de mort est rendu. Argée donne grace, le Prince qui crie vengeance, & veut esmouuoir vne seditiõ, fait declarer cette grace surreptice & nulle, & veut que sans y auoir esgard on passe outre à l'execution. Aristandre cependant regarde la mort d'vn visage, non seulement sans trouble, mais serain & riant, comme le iour de ses nopces, & l'heureux passage qui le deuoit mener à Dieu, & en la compagnie de sa chere Nicette. Tant c'est vne forte muraille contre toutes sortes d'apprehensiõs que la bõne conscience.

Si bien qu'Argée partie pour conseruer celuy qu'en despit de son fils qui luy suscite ces troubles, elle se resout d'espouser, partie pressée par les pointes de sa conscience, qui ne luy permettent pas de laisser mourir l'innocent en le pouuant iustifier, se voit contrainte de declarer en iugement, que c'est elle qui a faict donner le poison à Nicette par vn tel, duquel on remarqua la fuitte depuis le iour de cette mort. Hellade qui sçauoit le contraire, dit que cette declaration prouient de la compassion qu'a sa Mere d'vn homme qui doit perir par exemple, qu'il sçait (& il disoit vray) que cela n'est point, que cette fuitte est feinte, & qu'Argée se charge du crime, parce qu'elle sçait, qu'elle n'est point sujette à la peine, & là dessus reclame justice, justice ; & qui pis est en mauuais Fils il publie tout haut la passion que sa Mere a pour Aristandre, ce qu'il eust deu couurir de son manteau, & faire punir ceux qui en eussent parlé. Voyla iusques où transporte vne passion desordonnée, car cela c'estoit vomir contre le Ciel, vne ordure qui retomboit sur son visa visage. Mais Dieu qui ne laisse iamais impunies les insolences que les enfans commettent contre leurs parens, permit que la verité se decouurit à la côfusion d'Hellade, par le moyen que vous allez ouyr. Les deux Estafiers qui estranglerent cét empoisonneur de Nicette, croyans par la deposition d'Argée auoir faict mourir vn innocent, & tous deux ayans esté autresfois obligez par Aristandre tandis qu'il estoit Escuyer du Prince, partie par la terreur de leur propre coulpe, partie par compassiô de voir mourir ce Gentilhom homme innocemment, se resolurent de prouuoir à leur salut par leur fuitte, & auparauant de declarer à des Religieux, comme tout s'estoit passé pour ce regard. Si que s'estant escartez, & les Religieux ayants faict le rapport à la Iustice, imaginez-vous comme les Magistrats furent edifiez des beaux deportemens de leur Prince, & de leur Princesse, & comme ils souhaitterent que Dieu illuminast leurs tenebres & leur monstrast de meilleures voyes. Ils cassét sans autre procedure leur Arrest, declarent Aristandre, non seulement inno innocent de la mort de Nicette, mais encore abſout des deux meurtres qu'il auoit faicts en ſe deffendant des aſſaſſins, reuocation & eſlargiſſement qui eſtó a autant ce Gentil-homme, que Dafroze, laquelle n'euſt iamais peu s'imaginer tant de malice és eſprits de ſon frere & de ſa Mere. Le tout ne peut eſtre conduit auecque tant de prudence, par les Iuges deſireux de conſeruer la reputatió de leurs Souuerains, que cela ne fuſt incontinent publié, à quel ſcandale du peuple, i'en fay iuge quiconque lira cette Hiſtoire. Ariſtan standre sorti de prison non encore gueri de ses playes, fut receu par Dafroze à son seruice, & sous sa protection. Ce qui despleut autát à Hellade, qu'il fut agreable à Argée, qui ne dissimulant plus l'affection qu'elle auoit pour ce Cheualier, & croyant que le Ciel, par son fils l'auoit deffaitte de sa Riuale (car il n'y a si meschant qui voyant reüssir ses desseins ne rende le Ciel complice de ses passions) parloit ouuertement de le prendre pour son mary, ce qui mettoit le Prince en vne colere demesurée. Elle luy en fit faire les propositions

tions par vne confidente, & puis les luy fit elle mesme, y adioustant des particularitez horribles à penser & plus terribles à raconter. D'où l'on peut tirer iusques où va l'esprit d'vne femme quand il est allumé de deux costez, d'Amour pour Aristandre, & de despit de se voir contrecarrée par Hellade en cette Souueraine auctorité, que iusqu'alors elle auoit goustée & exercée sans resistance. Elle parloit de faire par subtils moyens que son fils perdist la veuë pour regner sous son nom, comme vne autre Irene entre les bras de son fauori.

uori. N'en disons pas d'auantage pour ne toucher pas plus sensiblement les oingts de Dieu, & les Dieux de la terre, qui sont tant esleuez. Aristandre resolu de n'admettre iamais en son cœur autre amour, que celle de sa chere Nicette, & voyant sur le theatre de cette Cour, les ordures, les folles passions, les assassinats, les emprisonnemens, les empoisonnemens, les fraudes, les iniustices, & enfin vne abomination de desolation & vn deluge de maux, se determina en soy-mesme de mespriser toutes ces vaines grandeurs qui ne

pou

pouuoient luy faire esperer qu'vne fin tragique, & de quitter ces funestes riuages noirs de tát de desbris. Mais parce que cela ne se pouuoit faire que secrettement, la prudence luy suggera quelque sorte de dissimulation, comme esbranslé du choc de tant de vagues, il feint de prester l'oreille aux discours d'Argée, qui croyant qu'elle entroit en son cœur à mesure que l'idée de Nicette s'y effaçoit, redoubloit ses affetteries, & ses promesses pour le conquerir, mais tousiours cette memoire de Nicette nageoit dans l'ame d'Aristan standre, qui luy leuoit tout contentemét pour en adoucir vn peu l'amertume, il luy fit eriger vn tombeau, où sur vne lame de cuiure il fit grauer vn Epitaphe en Alleman, que ie n'ay point faict difficulté de changer en cettuy-ci, qu'vn de nos plus excellens Poëtes dressa pour la femme d'vn grand Seigneur de nostre France, parce qu'il me semble plus beau, & plus conuenable que l'autre.

EPITAPHE DE NICETTE.

Es plus rares Vertus dont on
 prise l'exemple
Logeoient dedans ce corps ad-
 mirablement beau,
Mais ainsi que viuant il leur
 seruoit de temple,
Maintenant qu'il est mort, il
 leur sert de tombeau.
Car alors qu'il mourut aussi mou-
 rurent elles,
Et dans luy pour iamais s'en-
 terrerent en dueil,
Ne pouuant viure ailleurs és
 poitrines mortelles,
Et ne se voulant pas choisir
 d'au

d'autre cercueil.
Non, je faux; les vertus d'une
ame si perfaitte
N'ont point senti le coup que
donne le trespas,
Ains viuent d'vne vie à la
mort non sujette,
Et la font elle mesme encor
viure ici bas.
Pour le moins leur memoire incessamment viuante,
La maintient immortelle au
cœur de son espoux,
A qui bien que la perte en soit
dure & cuisante,
Le nom ne laisse pas d'en estre
cher & doux.
Aussi portant en l'ame vne iuste
tristesse,

De

De voir que cette tombe en-
ferme tout son bien,
Donne-t'il ces souspirs au regret qui le blesse,
Grauant sur ce metal les paroles du sien.
Paroles qui font voir que rien
ne le contente
Sinon le souuenir de ses cheres
douceurs,
Et que dans ce cercueil où
trompant son attente,
La mort n'a mis qu'vn corps,
l'amour loge deux cœurs.

Tandis qu'Argée se pre-
pare aux nopces par les dispositions qu'elle s'imagine
auoir treuué en Aristandre,
son fils resolu de perir plustost

stoſt que de les endurer, veut verifier l'embléme qui fait que l'amour & la mort chágent de traicts, car il ſe determine de tuer de ſa propre main Ariſtandre, fut-il entre les bras de ſa Mere. Dafroze en eſt auertie, qui d'ailleurs ne pouuant ſouffrir la propoſition de ce Mariage de ſa Mere, en donne auis à Ariſtandre, pour faire que par vne meſme fuitte, il ſauuaſt ſa vie, & l'honneur d'Argée. Il prit auſſi-toſt ce conſeil, & ayant amaſſé le plus d'argent qu'il put auecque les pierreries que la Princeſſe luy donna, s'eſtant déguiſé en habit de de Religieux, il fort de ces terres infortunées, & gaigne la Flandre, où ne se sentant pas encore en seureté à cause du voysinage, il coule par la Lorraine, la Bourgoigne, le Dauphiné, la Prouence & le Languedoc, iusques en Catalogne, & de là par la poste de Barcelonne, & de Sarragoce il se rend en la Cour d'Espagne à Madrit. De vous dire le trouble d'Argée, & le deplaisir d'Hellade, pour ne pouuoir satisfaire à leurs passions, l'vne d'amour, & l'autre de vengeance, il seroit malaisé. Tant y a que cette retraitte les laisse en termes de digerer leur amertume le mieux qu'ils peuuent. Mais comme les Princes ont plus d'yeux qu'Argus, & de bras que Briarée, & des mains si longues, que leurs doigts ioüent en tous lieux, quelques Allemands ayant recogneu Aristandre à Madrit, en donnerent auis à la Cour d'Argée, qui aussi-tost luy depescha des Courriers, pour le conuier à venir prendre part à ses grádeurs & à ses embrassemens, tentation qui n'est pas petite à vn pauure Gentil-homme. A ces messages il fait la sourde-oreille, & ne respond

respond que par le silence. Hellade y faict aller d'autres Courriers, ce sont des assassins, race de gés execrable, & qui pour de l'argent iroient tuer vn homme aux extremitez de la terre. Il en fut attaqué sur la brune, & comme ils n'estoient que deux, le premier luy voulant lascher vn pistolet dans la teste, le Ciel ne permit pas qu'il prist feu (car les pierres mesmes aident à l'innocent) & il se vit aussi-tost payé par Aristandre, qui d'vn grand coup d'espée le porta par terre, bien qu'il ne mourust pas du coup, puis soudain se tournant vers l'autre qui l'auoit blecé en l'espaule par derriere, il luy fit sentir qu'il auoit affaire à vn homme qui luy vendroit sa peau bien cherement. Aristandre le bleça au bras, mais non pas aux jambes qui luy seruirent à prendre la fuitte. Au bruit de ce combat le monde accourt, celuy qui estoit couché par terre est pris, qui apres auoir confessé sa trahison, & découuert son entreprise seruit d'enseigne à vn gibet : la recherche de l'autre fut si viue, que pris en Calatyene, il fut depesché d'vn mesme supplice. Aristan standre voyât que ces traicts là se pourroient renouueller tous les iours, parce que les Princes ne veulent pas que le desplaisir de ne se pouuoir vanger leur demeure sur le cœur, crut qu'il ne pouuoit treuuer de plus seur azyle qu'vn lieu sequestré, & vne vie inconnuë. Il alla vestu en Pelerin au Royaume de Gallice, visiter l'Eglise de S. Iacques. Sur le chemin dans les montagnes de Leon, il remarqua vn Monastere en vn desert fort eslogné de toute conuersation, & d'vne structure Royale & bien agreable. Là il choisit son repos, pour y passer en ce siecle, ce qui luy restoit de vie, en attendant celle de l'autre. Son pelerinage accompli, il y fut receu en qualité d'Oblat, c'est à dire qu'ayant donné à la maison vne somme assez notable, il se fit vne pension durant sa vie, pour y viure & s'y vestir honnorablement en son habit seculier. L'ignorance des lettres le retint de se faire Religieux, car il eust desiré estre Prestre, n'ayant pas assez de force pour les trauaux champestres, qui seruent d'employ aux freres Lais. Il fit courre le bruit parmi les Allemans qu'il qu'il connoissoit à Madrit, qu'il estoit allé aux Indes, & mesme il l'escriuit en Allemagne. Ce fut en cette heureuse retraitte qu'après tant d'orages, il rencontra le port de la paix, & de la bien-heureuse tranquilité; Pouuant chanter auec le Psalmiste,

Ie dormiray, ie prẽdray seuremẽt
 Vn repos de durée,
 D'autant Seigneur que tu as fermement,
 En tout espoir ma personne asseurée.

Là gardant sa fidelité inuiolable à la memoire de sa chere Nicette, & coulant ses jours sous l'obseruance de la loy de Dieu, imitant au plus pres qu'il pouuoit la vie des Saincts Religieux de cette deuotieuse maison, il pouuoit dire qu'il estoit perdu, s'il ne se fust ainsi perdu, & faire escrire sur son tombeau cela mesme que ce Courtisan de Perse, qu'il ne contoit les ans de sa vie, que depuis le premier de sa retraitte. Ce desert où il s'estoit enfoncé estoit beau en son horreur, & horrible en sa beauté, lieu d'effroy & de vaste solitude, ainsi que parle Dauid. L'image de ce lieu me remet en la pensée vne agreable piece de Poësie, qui viendroit ici fort

fort à propos pour le deſſert du Lecteur, affin qu'il en demeure ſur la bonne bouche. Ariſtandre la proferera.

Quelque ſi doux penſer où ma
　raiſon s'appuye,
Ie ſouffre vn deplaiſir qui ne
　ſe peut cacher,
I'emporte malheureux quelque part que ie fuye,
Vn traict qu'aucun ſecours ne
　me peut arracher.
Ie viens dans vn deſert mes larmes épancher,
Où la terre languit, où le Soleil
　s'ennuye,
Et d'vn torrent de pleurs
　qu'on ne peut eſtancher
Couurir l'air de vapeurs & la

terre de pluye.
Parmi ces sombres lieux trainant més longs regrets,
Ie me promene seul dans l'horreur des forests
Où la funeste Orfraye & le hybou se perchent.
Là le seul reconfort qui peut m'entretenir,
C'est de ne craindre point que les viuans me cherchent
Où le flambeau du iour n'osa iamais venir.

Il demeura long temps inconnu aux Religieux mesmes de cette maison, qu'il auoit esleuë pour le tombeau de sa vie, & bien que par des vertus Heroiques, qui brilloient

loient de toutes parts en ses deportemens, il fist assez clairement connoistre que c'estoit vn homme de bonne maison en païs estrange, qui sans equipage n'estoit pas tenu pour ce qu'il estoit, bien qu'il eust sur le front vn rayon de Noblesse, & dans le cœur vne haute perfection. A la fin neantmoins l'amitié saincte qu'il contracta auec quelques Peres, luy fit sortir son sens de la bouche, ce qui le mit en grande estime parmi eux : car pour dire la verité, quoy que les grandeurs mondaines en elles mesmes soient bien peu de chose, ce n'est n'est pas pourtant vne petite chose que leur mespris. De là vient cette belle remarque faitte par S. Bernard, sur ce mot du Psalmiste,

Tu en verras à ta fenestre
  Mille promptemēt trebuscher,
  Et puis dix mille au costé dextre,
  Et le mal de toy n'approcher.

Voyez-vous, dit ce grand Sainct, moins de gens à gauche qu'à droitte ; c'est à dire que plus de gens se rendent aux mols allechemens des prosperitez, & s'abbattent sous les attraits des delices, des grandeurs, & des richesses, qu'il n'y en a qui se perdent

dent sous les dures estraintes de la tribulation & de l'aduersité. Pour vn desesperé combien y a-t'il de voluptueux, d'auares, & d'ambitieux ? Et c'est en cela principalement qu'Aristandre est remarquable, qui a vaincu & l'vne & l'autre fortune, auec vn courage,

En tout euenement par le sort esprouué,
Et tousiours constamment dans le bien conserué.

Que d'autres l'admirent dás les menaces, dans les disgraces, dans les assassinats, dans les prisons, parmi les poisons, dans les fausses accusations,

tions, dans les condemnations à mort, dans les persecutions, dans les inconsolables deplaisirs de la perte de sa femme, pour l'honneur de laquelle il auoit enduré tant de trauerses, & digeré tant de ialousies, d'outrages & d'amertumes, dãs les fuittes, les despouïllemens des biens de fortune, l'abandonnement de son païs, les attaintes dans vn estranger, enfin dans vne vie inconnuë au fonds d'vn desert. Et puis qu'ils s'escrient,

O destin que tes loix sont dures,
L'innocence ne sert de rien,
Que

Que le sort d'vn homme de bien
A de cruelles auantures.

De moy ie l'admireray beaucoup plus le voyant inuulnerable à tant de traicts, insensible à tant d'attraicts, incorruptible parmy tant d'offres de grãdeurs, de plaisirs, & de gloires qui luy sont faittes, tantost par Argée, tantost par Hellade, selon les diuers mouuemens de leurs diuerses pretensions. Il y a beaucoup plus de constance au monde que d'humilité, de continence, d'amour, de pauureté, de fidelité coniugale, & de crainte de Dieu.

Dieu. L'on eust eu beau chamailler sur le grand Elephát d'Antiochus, tout couuert de plastrons auant que le bleçer, mais Eleazar treuua le secret de luy faire mesurer la terre d'vn seul coup, en le perçant par le flanc. Les plus grands courages sont ceux qui resistent le moins aux vanitez & aux voluptez. Quoy? Cesar mesme tout magnanime qu'il estoit, disoit bien que pour estre Soueurain, il n'y auoit point de danger de violer toutes sortes de loix: & Alexádre pour vaillant qu'il fust, n'estoit-il pas esclaue des ambitions,
des

des loüanges & des delices? Dans le plus fort des perils il y en a que la crainte rend non seulement courageux, mais temeraires, au plus dur des malheurs, beaucoup d'ames prennent les liurées de la constance, & peuuent dire auecque cettuy-ci.

Que l'horrible feu du tonnerre
 Vienne éclatter à mõ trespas,
 Et le Ciel fasse sous mes pas
 Creuer la masse de la terre,
 Mon esprit sans estonnement
 S'appreste à son dernier moment,
Plus ie sens approcher le terme,
Plus ie desire aller au port,
       Et

Et touſiours d'vn viſage fer-
me
Ie regarde venir la mort.
Ainſi quoy qu'vn cruel rauage
Me menace d'vn fier deſtin,
Sans eſtre laſche ny mutin
Ie verray reſoudre l'orage,
Et coniureray l'amitié
De mes amis, que la pitié
De mon mal ne les importune.
Dieu nous bleſſe & nous ſçait
guerir,
Et les hommes ny la fortune
Ne nous font viure ny mou-
rir.

Mais ie voy peu d'eſprits qui puiſſent brauer de la ſorte les proſperitez, dont le torrent de laict & de miel empor

emportent par leur douceur les plus fermes, & comme de molles gouttes d'eau cauét les pierres les plus dures. Aristandre est vn miracle de la grace en l'vne & en l'autre fortune, faisant paroistre également le visage d'vn vray homme de bien, tousjours quarré, comme dit Platon, tousiours sur son cube, & semblable à soy-mesme. Ny enflé par les exaltations, ny raualé par les outrages. Apres auoir coulé en ce desert vne vie assez ennuyeuse selon le sens, mais fort cõsolée selon l'esprit; il rendit son ame à Dieu en grande paix.
Paix

Paix, fruict & œuure de la justice de sa vie: car comme dit le Prophete, vne grande paix attend ceux qui ont aymé & suiui la loy de Dieu. Paix de Dieu, dit l'Apostre, qui passe tout sentiment & toute intelligence. Laissant vne memoire eternelle de sa constance, accompagnée d'vne hónorable reputation. Ainsi le Iuste fleurira comme la Palme, qui se releue contre le poids qui la veut accabler, & ressemblera au Cedre du Liban, puis qu'il ne s'est point laissé aller à la corruption du peché. Reposez en paix Ame heureuse, qui estes maintenant

nant au rafraischissement eternel, apres auoir passé par le feu & l'eau des aduersitez & des prosperitez, sans vous brusler és vnes, ny sans vous noyer és autres. Heureuse estes vous d'auoir souffert tant de tentations, parce qu'ayāt esté ainsi espreuüée, vous en receuez le tres-grād loyer de la couronne de vie. Heureuse d'auoir esté treuuée sans tache, n'ayant point couru apres le faux lustre de l'or, des grandeurs, & des plaisirs, miracles signalez de vostre vie. Spectacle à Dieu, aux Anges, & aux hommes, d'vne vertu certes indigne-
ment

ment traittée du sort, mais triomphante & victorieuse de l'vne & de l'autre fortune.

Fin de l'Histoire d'Aristandre.

LETTRE DE
Clitophon à Chrisante, sur les œuures de Monsieur l'Euesque de Belley.

VOvs deuez penser, cher Chrisante, quelle consolation i'ay receuë d'auoir apris le changement de voſtre vie. Vous la croirez aiſémét, ſi vous voulez prendre la peine de vous enquerir auec quels mouuements me rencontra ce Gentil-

a   hom

homme qui m'en donna les nouuelles. J'auois touſiours bié eſtimé que Dieu ne vous auoit pas donné vn ſi bon ſens, & vn ſi bel eſprit, pour le perdre au ſeruice des choſes de la terre. Mais ie ne croyois pas qu'eſtant accouſtumé depuis ſi long temps aux douceurs & aux delices de la Cour, vous euſſiez pris vne ſi forte reſolution de rompre vn nœud auec lequel ie croyois qu'eſtoit attaché voſtre vie. Si ie meſurois les maximes de Dieu par celles de la nature, & de la Philoſophie des hómes, i'aurois de la reſiſtance à croire qu'on

à Chrysante.

qu'on peust passer d'vne extremité à l'autre sans toucher le milieu. Car à ne vous mentir point on m'estonne quand on me figure le reiglement que vous auez prescrit à vostre nouuelle conduitte, & qu'on m'escrit, que ce ne seroit pas vous auoir cõneu autresfois, que de vous reconnoistre auiourd'huy. Toute la Cour accuse de ce crime le Prelat que vous frequentez, & ceux qui se seruoient de vos gentillesses pour paroistre auantageusement dans les compagnies, brusleroient de bon cœur le Liure qu'on dit estre la cause de cette debauche, que les plus retenus appellēt Reformation. Voyez Chrisante, cōme c'est vn ieu où les plus fins sont attrapez. Les liures pour bons qu'ils fussent n'eschappoiét la censure de vostre iugement, vous ne pardonniez qu'à ceux qui portoient pour tiltre & sauuegarde quelque amour profane: & tout ce qui ne chantoit point la loüange à ce petit Dieu de nos sens, vous sembloit barbare & sauuage. Vous parliez d'Agatomphile, de Parthenice, d'Elise & des Alexis, comme des sujets trop foibles pour diuertir du vice

à Chrisante.

vice, & trop austeres pour donner de l'amour, & par consequent vous disiez que ces trauaux estoient inutiles, puisque les gens de la Cour en sçauoient plus que le maistre, & que le commun qui ne se nourrit que de viande grossiere ne trouueroit pas là dequoy satisfaire à sō goust. Vous estiez si côtant quand quelque malicieux ou quelque plaisant dōnoit vn coup de bec à ces deuots ouurages, que le soin de plaire au Roy, vous estoit moindre que le plaisir de voir trauerser de si sainctes entreprises. La iuste reputation que vous

auiez

auiez d'vn esprit des plus fermes & des plus capables de ceux de vostre qualité, authorisoit merueilleusement cette estime, car les ieunes gens vous croyoient comme leur maistre, & les plus iudicieux suiuoient vostre party, comme reconnu depuis long temps le moins sujet à l'illusion & à la tromperie. Et les vns & les autres ensemble aduoüoient que vos sentimens estoient si sains & si purs qu'il falloit n'auoir que le sens commun pour les receuoir & pour les approuuer. Vous donnastes le premier branfle & fistes trouuer du

cre

à Chrisante.

credit à ces liures, qui ont appris à des familles ce qu'elles eussent bien ignoré pour estre plus heureuses. Tous ces Romans ont rendu les filles si sçauátes qu'elles n'ont rien appris de nouueau la premiere nuict de leurs nopces. Ce venin s'est coulé dans les ames sous le pretexte d'apprendre le langage. Et l'on a mis cette sorte d'escrire à vn si haut poinct, que vo⁹ deuez vous confesser d'auoir rafiné ce style aussi delicatement que M. de Boute-Ville a fait le poinct d'honneur. Ie vous aduouë franchement qu'ayant eu l'honneur de vostre

con

conuersation, & vous ayant ouy discourir des meilleurs escriuains de nostre siecle, ie creus que l'inquisition n'estoit point si seuere en Espagne ni à Rome. Vous recherchiez vne pureté & vne chasteté si entiere en tout le corps de leurs discours, & vous en mestiez en peine auec des soins si scrupuleux, & vne diligéce si exacte, que de deux mois apres, ie n'osay vous escrire que i'estois vostre seruiteur, de peur de faire quatre fautes en deux mots, & que ce terme ne fust pas assez poly, ou que l'on ne l'eust chágé à la Cour, tandis que

à Chrisante.

que i'auois esté à Chantilly, vne apres-dinée toute entiere. Maintenát, Chrisante, que la charité vous persuade d'estre plus benin, & que la pieté vous porte à couurir les defaux de vostre prochain, ou bien à les descouurir iudicieusemét à quelque honneste homme, ne reconnoissez vous pas que l'eloquence de l'Euesque de Belley n'est pas si pernicieuse à la ieunesse de France, que la beauté d'Heleine à la Grece? Et que cét Abbé de Chipre, qui n'a rien de bien fait ny de releué que le dos & la moustache, ne deuoit pas crier qu'elle estoit

estoit plus dommageable que celle du Poëte de Sulmone? Aprenez, Chrisante, à ne croire pas à tout esprit. Il est vray qu'en croyant en celui-là, vous estes dispensé de croire qu'vn esprit vous ait abusé. Vne autrefois vous-mesme ne soyez pas tout esprit, n'allez pas si viste, & ne formez pas des corps en l'air, car c'est vne insupportable tyrannie de faire le procez aux accusez sans les ouïr en leurs defenses, & crier au parricide, & a l'assassin faute de sçauoir l'enormité du crime Il est vray que ce seroit estre bien cruel de vous reprocher

vne

à Chrisante.

vne erreur, qui ne vous a pas plus longuement tenu, que vous auez mis de temps à lire le plus petit de ses liures. Ce n'est pas toutesfois de ce costé-là que ce Prelat est plus aymable, son ame est bien plus eloquente que sa bouche, ni que sa plume, & la meilleure partie de sa vertu n'est pas au bout de ses doigts ni à la pointe de sa langue. Chrisante, vous auez le loisir de suiure ses brisées, & le sens asses vif pour le cónoistre plus sainemét qu'aucun autre, ie veux que vous ne m'aymiez iamais, si vous ne le preferez à tous ceux de voſtre connoiſſance. Si l'on dit que cette Agatomphile, de laquelle parlent les ſots (& vous ſçauez par ces ſots, de quelles gens ie parle) rabatte des pointes de ſa reputation, repreſentez-vous que les poiſons meſmes ſont neceſſaires à quelque choſe, & que la neceſſité du ſiecle a forcé cét eſprit à ſouffrir de telles penſées. Et de vray puis que nous auons à viure parmy des beſtes ſauuages, il eſt beſoin ou de les adoucir, ou de les dompter. Si l'on ne peut pecher quand on ſuit les exemples des hômes qui ſe ſont rendus remarquables par

à Chrisante.

par la suite des siecles, & à trauers l'ignorance & la malice humaine, nostre Euesque n'a-t'il pas pour se garentir contre les ames les plus vlcerées & les plus bourruës, l'imitation de ces grands & deuots personnages, qui ont escrit selon la necessité de leurs temps, sur vne pareille matiere ? S. Iean Damascene n'a-t'il pas fait des histoires senblables. L'Archeuesque de Thessalone, le grand Hustathius nous a laissé les amours d'Ismene, & d'Ismeniac, auec des delicatesses qu'ō a souffertes en vn homme duquel l'austerité ne
pou

pouuoit qu'accuser temerairement l'effronterie de ceux qui eussent mal reçeu sa franchise. Athenagoras, duquel nous auons vne Apologie pour les Chrestiens, & vn discours incomparable de la Resurrection, escriuit les amours de Theogenes & de Charide, sous le tiltre du vray, & parfait amour. Et à propos de Theogenes, Heliodore Euesque de Trica en Trace, qui a fait cette belle Histoire de Theagenes & de Cariclée, n'a iamais esté condamné, ainsi que remarque Nicephore Calixte, sinon pour auoir pris vn sujet faux
& fa

& fabuleux. Car Socrate Historien remarquable, qui appelle ce liure vn Tableau de Chasteté, n'attribuë point sa censure à l'humeur austere des Peres, ni à la seuerité des premiers Chrestiens, qui viuoient fort estroittement, & auec vne discipline grandement reguliere, au quatriesme siecle sous l'Empire de Theodose. Mais bien à l'obstination qu'eut cét Autheur à ne vouloir point soufmettre ses escrits à vn Concile Prouincial, à cause du rang qu'il tenoit, & de la reputation qu'il s'estoit acquise: estant du naturel de ceux qui

qui ayment mieux souffrir des coups de bastons, ou les estriuieres, que desaduoüer vn Pasquin ou vne Satyre. A l'heure mesme que ie vous escris, mon cher Chrisante, ie lis pour diuertissement les amours d'Huriale, & de Lucrece, que l'eloquent Picolomini Sienois, depuis Pape, sous le nom de Pie deuxiesme a composées ; Et comme ie ne lis pas pour estre docte, mais pour entretenir mon esprit, i'ay pris vn singulier contentement au discours qu'il a fait de Guisgard, & de Sigismonde, fille de Tancrede Prince de Salerne, où Bocace

cace auoit deployé son style. Cette traduction en Latin fait voir que ce grand cerueau estoit grandement desireux de diuertir la ieunesse de ses debauches, puis qu'il la sert d'vne viande rechaufée: car à traduire il n'y a que de la peine, & point d'hõneur, & peu de gens reüssissent en cela. Mais veritablement ce beau Latin, & ces riches pensées m'emportent & me rauissent à moy-mesme, & me donnent de merueilleux desirs de ne ceder iamais en vertu au courage d'vne femme. Pour ceux qui croyét qu'on doit estre aussi

rete

retenu en vne histoire, qu'vn François à Venise, ou vn bon seruiteur du Roy dans la Rochelle, ie leur voudrois demander, si les plus serieux & les plus graues Sainɗs n'ont pas egayé leur esprit, & pour ainsi dire espanouy leur ratte en plusieurs endroits de leurs liures, qui deuoiét estre plus serrez qu'en fait d'histoire? Sainɗ Augustin, qui n'estoit pas gueres jouial de son naturel, raporte des histoires si plaisantes au premier liure de l'ordre, qu'on en pourroit faire rire Monsieur de Gamaches. Car qui ne s'esmouueroit
de

à Crisante.

de voir qu'vn tel homme fasse la description d'vne souris qui rongeoit la paille de son lit? Et quand on lit en ses epistres 30. & 40. les plaisans discours d'vn niais qui estoit tombé dans vn puits, & les railleries qu'il trouue pour se mocquer d'vn deuineur de pensées, qui s'estonnera si nostre Prelat relasche de sa grauité pour desennuyer son Lecteur? Quád le peuple parle, dit Sainct Paul, il blaspheme, car il ignore, mais il ne le feroit iamais s'il estoit instruict, parce qu'au iugement de Platon, il n'y a point de malice en la en la verité, & en la connoissance asseurée d'vne chose. Il ne faudroit à ces mousches que de l'huille pour les attraper, car le vinaigre & la rigueur les chasse, & leur dire doucement de peur de leur faire mal à la teste, que l'Euesque de Belley n'est pas plus obligé de nous donner bon exéple, que sainct Vincent Ferrier, qui a dit des mots aussi bons qu'on en puisse trouuer pour resiouïr vn malade, qu'auec cela sa condition n'est pas si retirée ni si obligée à la solitude & à la melancholie, qu'estoit celle du grand Sainct Antoyne,

toyne, que Sainct Athanase fait parler si plaisamment à ceux qui le venoient voir dans le desert. Les Historiens sacrez, comme Sainct Hierome, Palladius, & Rufin, ont recueilli les gentillesses de ces sainctes ames, & les ont ramassées pour ioindre à leur vie, comme des perles égarées ou des fleurons qui máquoient à leur Couronne. Fortunat est fort attentif à ne perdre pas la moindre repartie ioyeuse de Sainct Martin, & la Chronique de Sainct Dominique, celles de Sainct Vincent Ferrier, & de Iordain second General de ce ce grand Ordre. Et parmi le plus eſtrange genre de vie, & comme impoſſible au naturel de l'homme, Sainct Hilarion, l'Abbé Paphnuce, Macaire, Pambo, Iacobon, Iunipere, Moyſe le Moyne, & Sainct Dunſtan, ont égayé leurs eſpris, auec de ſi plaiſantes inuentiõs, ſoit en diſcours ou par eſcrit, qu'il faudroit les redire à du Moulin, pour luy faire imprimer vn liure de boufonnerie. Apres cela il ſeroit inutile de vous ſouuenir, que l'EueſqueGueuarre, duquel Charles V. faiſoit tant d'eſtat, n'a pas eſpargné en ſes œuures pluſieurs

sieurs plaisantes Histoires contre l'humeur de sa nation, & cette grauité qui ne permet pas qu'on se leue de table, pour quoy que ce soit, de peur de troubler la digestion. Mais neantmoins il n'en a iamais esté blasmé, soit qu'on respecte plus en Espagne les Euesques qu'on ne fait en France, ou bien qu'on ait estimé qu'il falloit auoir la teste de bois, que trouua le Renard chez le charpentier, ou bien estre enragé pour condamner ce qui est sans reproche & sans crime. Et comme vous serez de meshuy la pierre où les
sots

sots d'Israël viendront tresbucher, obligez-moy, Crisante, de regarder aux yeux, & rire au vifage de ces bonnes dupes, qui se plaignent de voir des passages de Sainct Paul, dans Alexis, & dans Parthenice. Si l'on mettoit l'Escriture saincte à tous les liures qu'on fait, on ne verroit pas tant de meres pleurer le pucelage de leurs filles, & en accufer la lecture des liures folastres. Vn Prince vouloit faire changer vne Eglise de son Palais en vne cuisine, pour accommoder sa maison : le conseil dit que sa maison deuoit pluftost estre
vne

vne Eglise. Faisons seruir les choses profanes au sanctuaire, les materiaux de Hiram, les bois du Lyban, & l'or d'Ophir, à la fabrique du temple de Dieu. Tout pour Dieu, tout à Dieu, Mon Chrisante, le monde n'est pas digne que vous luy donniez vne heure de vostre loisir. En l'estat où vous estes, les plus sages d'entre eux, font des badineries pour vous faire rire, Il y a pres de dix ans que nostre Euesque n'a point esté spectateur des plus expresses sottises de l'Vniuers, car il n'est point allé les voir au Louure. Ie n'ay iamais veu vn
b hom

homme pareil à luy, il est sans desirs, sans ambition, & sans esperance: il merite tout & ne veut rien auoir, vous diriez qu'il a iuré de ne prendre rien que de soy-mesme, & qu'il veut obtenir de la seule retenuë de son esprit, ce qu'il ne daigneroit receuoir de la main ni de la liberalité de la fortune. Dépuis qu'il gouuerne vn Diocese, il ne s'est passé année qu'il n'ait faict plus de deux cens predications, outre ses liures, & ses visites à pied, dans des païs où à moins que d'auoir le iarret aussi ferme que les Ours, il n'y a pas moyen d'a-
uan

uancer. En verité, Chrisante, c'est en terre ferme, & où ie pense que l'or deuroit croistre plus qu'en aucun endroit du monde. La plus humble Campagne n'est pas plus releuée que le mont Valerian, & je pense qu'il ne falloit pas à ces peuples vn si zelé Pasteur, car ils sont d'eux mesmes desia bien prez du Ciel. Vous ne vous persuaderez iamais les trauaux, les pelerinages, les conferances, les austeritez, & l'audience qu'il donne à tous ceux qui se viennent conseiller à luy : mais apres cela vous le trouuerez au soir aussi frais &

aussi peu esmeu que s'il n'auoit rien fait. L'exercice qui fait venir l'appetit pour souper, ne luy sert que pour aller au lit, & toute sa vie est vn cõtinuel Quaresme, car il ne soupe iamais. C'est vne chose incroyable, comme en feignant vne vie commune, il en meine vne tellement austere & estrange, que si le Diable vous veut degouster de la deuotion, il vous figurera qu'il faut que vous viuiez de la sorte. Admirez que ceux qui parlent contre luy ne l'ont iamais veu, ni leu ses escris, & que les plus furieux d'entr'eux protestent que

que ce qui le rend odieux est, qu'il semble que cet hôme soit né pour faire plus que les autres. Tát prescher, & tant escrire, est le seul demon qui est coniuré contre sa ruine. Voicy les crimes qu'on remarque en luy, l'on dit qu'il a la main trop belle pour vn Euesque, & pour vn Euesque si reformé, qu'il se fait trop attendre en chaire, & que ses descriptions sont trop poëtiques. Pour Dieu, Chrisante, si vous ne voulez perdre vn tel homme n'aduertissez pas Môsieut le Procureur General de ce desordre. Mais souuenez-vous que

les

les ennemis de Sainct Iean Chryſoſtome inuenterent contre luy au Conciliabule du Cheſne, d'auſſi plaiſantes accuſations que celle-cy, car on diſoit qu'il ſe baiſſoit en chaire au milieu de ſa predicatiō pour manger des confitures, qu'il faiſoit trafic de pierreries, qu'il ne prioit iamais Dieu à l'Egliſe, qu'il prenoit le haut du paué par meſpris des autres Eueſques, qu'il ſe mignardoit & faiſoit le beau en la compagnie des Dames. Pour noſtre Eueſque, il n'y a rien de vuide où la calomnie ſe puiſſe fourrer, ſes actions ſont ſi
inno

à Chrisante.

innocentes, qu'on n'accuse que ses paroles, & qui ostera de ses liures quelques termes de Montagne, dont il a esté autrefois fort passionné, fera mourir de despit l'enuie & la rage. Beny soit Dieu que ce sauetier de liures qui a rencontré ce mot de raillerie, que l'Euesque de Belley estoit criminel de leze Majesté, pour auoir introduit l'estranger en France, nous ait laissé de ses gages pour le reconnoistre, & l'appeller par son nom quand il nous plaira. I'ay de ses liures, desquels ie bouche mes fenestres contre le vent, mais
com

comme ils font assez deliés, & subtils, ils n'empeschent point que le Soleil n'entre dans ma chambre. Croyez-moy, Chrisante, il n'y a point de badin au monde, ou celuy là en est vn. Ie n'ay gueres estudié en Physionomie: mais i'en iugeay bien à peu pres la premiere fois que ie le vis aux Tuilleries auec vne paille au cul, qu'il appelloit son espée, & vn Castor qu'il auoit gaigné pour vn assez bon Sonnet, s'il n'eust esté de quatorze lignes. Sans reproche ie dis que M. le Comte de Clermont, qui l'auoit mis en besógne, n'auoit

pas

à Chrisante.

pas pris conseil de M. le Comte de Tonnerre, d'auoir pris vn si bon Poëte. Le sujet estoit qu'il comparoit le sein de sa Maistresse à la boule ronde que tient Charlemagne en main. Le pauure la Riuiere qui mourut si genereusement deuant Clerac, & dont la perte vous fut si sensible, le defendit en vne compagnie où sur sa mine l'on le prenoit pour vn Sorcier, protestant qu'il n'auoit point de charmes. Si tous ceux qui sont fous estoient Sorciers, la plus part de nos amis iroit plustost au Sabath qu'à l'Eglise. Ne croyez-pas,

Chrisante, que la deuotion vueille des melancholiques, ny qu'il la falle accompagner de chagrin. Riez, ie vous prie, de cet autre qui se plaignoit à M. le Comte de Vauuert, de ce qu'il n'auoit pas si tost acheué vne piece, que l'Euesque de Belley n'eust des espions pour l'en aduertir, & que par ie ne sçay quel destin, il la trouuoit aussi-tost imprimée parmi ses œuures, qu'il l'auoit acheuée. Il trouua le Seigneur de la Cour, le plus capable de luy faire passer son humeur. Car l'ayant vn peu laissé en sa chaleur, il luy dist que la poste posterité attribueroit à autruy ce qui luy estoit deu, & que les plus beaux esprits du temps auoient interest en sa querelle. Quelle pitié, disoit-il? moy & le Cardinal du Perron & Malherbe, auons enduré beaucoup de ce mauuais homme. Celuy qui a senti tant de preuues de la bonté de ce Comte, & que le malheur des duels a raui au monde depuis huict iours en çà, ayda merueilleusement à consoler cét affligé. C'est ce Lysis qui a si chastement parlé d'amour, & qui benissoit le style de nostre Euesque. L'autre, mon cher

cher Chrisante, qui ne le trouuoit pas à son goust, estoit le mesme qui se deplaisoit de passer les apresdinées en la conuersation de Madame la Princesse de Conty, & qui trouuoit que le Cadet de Vandosme auoit beaucoup de l'air de feu Monsieur son Pere, que cét execrable assassina lors qu'il estoit prest de luy donner vne pension pour ses grands seruices. Si cette enseigne ne le vous fait assez connoistre, souuenez-vous que de bon sens & à ieun, il disoit que Montmorency estoit vn gentil garçon, & le Cardi

à Chrisante.

Cardinal de Richelieu asses passable dans le monde. Demandez à du Moustier, s'il sçauroit faire le crayon d'vn meilleur sot. Ie ne mesdis point, Chrisante, mais ie vous iure que si nostre Euesque luy a dérobé de ses ouurages pour les mettre sous son nom, & les mesler parmi les siens, nos enfans auront raison de se plaindre à nous, d'auoir fait estat d'vn pere qui n'estoit gueres habile homme. Pour celuy qui est tousiours à inuocquer le genie, & qui ne trauaille iamais bien que quand le Soleil est au Cancre, diriez-vous qu'il a pris a pris le parti du Philosophe Bion, & que d'vn Atheisme formé, il est tombé en vne forte superstition, & en ce scrupule que l'Euesque de Belley deuoit s'escarter de ces priuautez amoureuses, & ne toucher iamais vne chose si delicatte que celle du baiser, qu'il dit estre le faux-bourg de la ville d'Amour: ô la riche pensée. Ie luy pardõne à cause de nostre Seigneur qu'il a serui dix ans entiers, en vn lieu où l'on fouëtte les garçons qui derobét la Classe, mais ie veux comme Socrate, qu'apres cette iniure, il ne s'en retourne pas aussi

mau

à Chrisante.

mauuais homme qu'il estoit venu. La Bible, disent les Rabins, est vn liure d'amour: car Dieu n'est qu'amour, & le Philosophe qui prit tant de temps pour definir Dieu, deuoit dire pour bien parler du premier mot, qu'il estoit Amour. Or dans ce liure qui contient tout nostre salut, & qui est le plus serieux de tous les Liures, puis que tous les autres Liures ne sont serieux, qu'autant qu'ils approchent de celui-cy, nous y voyõs les baisers d'Isaac & de Rebecca, qu'Abimelech n'apperçoit pas sans quelque sorte d'émotion; ceux de Iacob & de Rachel

Rachel à la fontaine. Et qui voudroit voir l'Histoire d'Aristandre en la Bible, n'auroit qu'à prendre les Amours de la Maistresse de Ioseph, qui n'eut d'autres gages de son affection, que le manteau qu'il luy laissa. Que le vicieux est homme de bien, quand il parle de la vertu, il croit qu'en descriát son prochain on le prendra pour vn autre. Il semble à ces bonnes filles qui ne nomment iamais ce qu'elles ayment le plus. Vn Adultere ne louë que la cõtinence. Clodius accuse les paillards, Catilina se declare ennemi de Cethegus, & à la

à Chrisante.

la Cour c'est vn plaisir de voir les desguisements, & les souplesses qu'on y fait pour tromper son Compagnon. Aucun ne cherche la satisfaction de sa côscience, & l'on croit pourueu que le crime soit bien caché dans vn coffre, qu'il ne paroistra iamais sur vn eschafaut. A voir ce desordre si general ie ne prés pitié de personne, car il me semble qu'on n'est obligé à secourir que ceux qui d'eux mesmes donnent la main à leur deliurance. Le nombre de ceux-là est si petit, que ce ne sera faire plaisir à personne que de s'en mettre en peine.

ne. I'ay encore à vous dire que vous ne vous trompiez pas à la couleur, & que ceux qui vous blaſmeront les intentions ſi ſainctes de noſtre Eueſque, vous ſoient ſuſpects de malice, s'ils en parlét d'autre ſorte qu'ils doiuent, ie ne dis pas à ſa qualité, qui leur doit eſtre precieuſe & inuiolable, mais comme on ne ſe peut empeſcher de reconnoiſtre vne bonté, & vne inclination genereuſe au bien du public. Ne vous eſtonnez point, Chriſáte, ſi vous trouuez en cét erreur ceux auſquels vous confieriez voſtre ſecret & voſtre bource, ſous la la creance qu'on vous donne, qu'ils font gens de bien, ils le font, ie l'aduouë, mais d'vne attache si peu asseurée, qu'il vaudroit presque autāt estre bien engagé dans le vice, que si peu auancé en la vertu. Gardez-vous de ces mines froides & rechignées, il n'y a fieure si dangereuse que celle qui viēt sous quelque espece de froideur. Ne cherchez plus la pieté en l'ame, elle a changé de demeure, elle est au bout de la langue, & en la contenance. Qui sçait mieux cacher ses defaux, est le plus parfait. Sur tout ne vous en approchez que

que comme du feu, ce font des amis inutiles, mais de furieux ennemis. Et puis que malgré noſtre courage la prudence nous porte à quitter le grand chemin aux voleurs, & à nous deſtourner des lieux où logent les ſerpens, eſcartons-nous de ces mauuais endroits; ou ſi nous en voulons approcher pour faire nos affaires, cherchons l'induſtrie d'Enée, ayons dequoy leur mettre en la bouche, ainſi qu'il fit quand Cerbere eſcumoit contre luy. Et parce qu'il faut s'engager en leur conuerſation, que vous trouuerez vn peu plus rude que

que celle de Messieurs d'Orleans, de Langres, de Nantes, & de Montpelier, resoluez-vous, puis que vous voulez faire estat de la deuotion, de mortifier vos sens, & sur tout ceux de l'ouye. Au reste figurez-vous pour vous diuertir des iugemés temeraires, que le monde ne seroit pas acheué, ni la nature au poinct de sa perfection, s'il n'y auoit de ces gens-là, aussi bien que des Magots, des Hiboux & des Guenuches. Ce sont eux qui ont vne demangeaison à la langue, & qui se vantent de donner ou de rauir la reputation aux plus honnestes gens,

gens: mais pour conclusion asseurez-vous que si Sainct Paul parloit mal contre son prochain, il ne seroit pas bien conuerty, & que ce seroit seulement encore Saül qui persecuteroit l'Eglise.

F I N.

www.ingramcontent.com/pod-product-compliance
Lightning Source LLC
Chambersburg PA
CBHW070442170426
43201CB00010B/1190